Saggi

ANTONIO CARIOTI

40 giorni nella vita di Mussolini

Da Predappio a piazzale Loreto

Introduzione di Marcello Flores

SOLFERINO

SOLFERINO

www.solferinolibri.it

ISBN 978-88-282-1598-1
Prima edizione: febbraio 2025

Introduzione
di Marcello Flores

Negli ultimi tre anni sono stati numerosi i libri e le rievocazioni che hanno avuto per protagonista Benito Mussolini. Dal centenario della marcia su Roma a quello dell'assassinio di Matteotti si può dire che non sia passato mese senza che il Duce del fascismo venisse ricordato in ambito storiografico o divulgativo, nei mass media o anche nel dibattito pubblico. Per quanto esistano ancora approcci e interpretazioni dissimili, vi sono ormai dei punti fermi unanimemente riconosciuti, che fanno di Mussolini il protagonista principale sia della crisi della democrazia liberale d'inizio secolo che aprì la strada alla dittatura fascista, sia della tragedia che avrebbe condotto l'Italia in guerra e alla successiva disfatta del fascismo stesso, che il Duce pagò in prima persona con la vita per mano della Resistenza armata.

All'interno di questa feconda stagione di interesse per Mussolini e per il fascismo, il contributo di Antonio Carioti si pone al tempo stesso con grande originalità, ma anche nel solco di quella che potrebbe apparire una tradizionale storia evenemenziale, quella *histoire événementielle* contro la quale si sono formate generazioni di storici dagli anni Sessanta del secolo scorso in avanti. Carioti, infatti, organizza la sua ricostruzione storica attorno a trentotto schede «annuali» (solo il 1943 ne comprende due) che partono dal 1909 e arrivano al 1945, cui si aggiungono quelle relative al 1883, l'anno della nascita del Duce, e al 1904, un momento simbolo dell'ingresso nell'arena pubblica e politica del giovane romagnolo di Predappio.

In ognuno degli anni che scandiscono i capitoli di questo racconto storico Carioti individua un momento, un evento, un discorso, una dichiarazione che ha Mussolini come protagonista, ma che è capace di illuminare il contesto più generale entro cui il Duce opera e si trova inserito: un contesto che nella maggioranza dei casi è quello della politica internazionale, spesso della politica interna, ma a volte anche quello – più intimista – della vita privata o della reazione agli eventi della psicologia mussoliniana. Le fonti su cui Carioti fonda il proprio racconto sono molteplici, pubbliche e private, politiche e istituzionali, per la maggior parte riconducibili ad amici e sodali ma anche ad avversari o nemici, che introducono con vivacità una sintesi della situazione storica più generale, ma soprattutto delle motivazioni che spingono Mussolini ad agire in una certa direzione e a optare per determinate scelte e decisioni.

Non è un caso, forse, che il primo evento ricordato nella sequenza continua tra 1909 e 1945 sia lo scontro pubblico con De Gasperi avvenuto a Merano, all'epoca territorio asburgico, su una vertenza sindacale che contrapponeva socialisti e cattolici; e che l'ultimo sia il fortuito incontro tra Mussolini e Pertini sulle scale dell'arcivescovado di Milano il 25 aprile 1945, con il primo che sta scendendo dopo avere compreso l'impossibilità di una resa concordata e il secondo che sta raggiungendo, in ritardo, i membri azionista, democristiano e liberale del Comitato di liberazione nazionale Alta Italia e il comandante militare della Resistenza. La presenza, all'inizio e alla fine di questa lunga parabola politica ed esistenziale, di due figure di spicco dell'Italia repubblicana che nascerà dalla sconfitta del fascismo sembra ricordarci il peso dell'eredità di quel regime nella memoria e nell'identità della democrazia italiana. E quindi la necessità di confrontarsi, ancora dopo ottant'anni, con quell'esperienza e con la figura del suo protagonista.

Il racconto cronologico, man mano che si dipana, riesce a offrirci un orizzonte tutt'altro che evenemenziale e assolutamente non cronachistico. Ogni anno, infatti, è denso di problemi, di prospettive, di scelte, che rimandano a quelle precedenti e a quelle successive, rendendo il vivissimo racconto di momenti isolati e intensamente significativi della storia più generale un sentiero di cui via via si comprendono la necessità o la casualità, le dinamiche prevedibili e i risultati inattesi, le scelte azzardate e le pulsioni personali che governano l'orizzonte razionale della politica. I momenti che Carioti sceglie anno dopo anno per illuminare gli eventi e le tensioni, le possibilità e i risultati effettivi, i successi e gli errori, offrono uno sguardo non completo ma generale sulla storia dell'Italia dagli anni precedenti alla Prima guerra mondiale alla fine della Seconda, come anche sul terreno internazionale in cui il nostro Paese è inserito. Una storia globale dove sono presenti protagonisti dell'epoca (da Nenni a Matteotti, da Hitler a Pio XI), eventi che restano nella storia (Caporetto, Fiume, El Alamein, la campagna dell'Armir in Russia), intrecci di privato e pubblico (la ferita in guerra, le nozze della figlia Edda, i momenti con l'amante Claretta Petacci), ma anche le masse e il popolo, il consenso e l'ostilità, e il passaggio – rapido e intenso negli anni di guerra – tra questi due sentimenti che accompagnano la vita intera, pubblica e politica, del figlio del fabbro di Predappio.

40 giorni nella vita di Mussolini

29 luglio 1883

Sangue romagnolo

Il primo figlio di Alessandro Mussolini e Rosa Maltoni nasce di domenica, alle due del pomeriggio in un vecchio casolare di Dovia, frazione del comune romagnolo di Predappio, in provincia di Forlì. È il 29 luglio 1883. Al bambino vengono imposti tre nomi in sintonia con l'orientamento politico di estrema sinistra del padre: Benito, come il rivoluzionario messicano Benito Juárez; Amilcare, come Amilcare Cipriani, valoroso garibaldino e poi difensore anarchico della Comune di Parigi nel 1871, deportato in Nuova Caledonia, sempre pronto a rischiare la vita per i suoi ideali sovversivi; Andrea, come Andrea Costa, il primo deputato socialista del Regno d'Italia. Ma il neonato passerà alla storia, sposando un credo ben diverso da quello paterno, semplicemente come Benito Mussolini.

I biografi compiacenti del Ventennio fascista faranno a gara nel descrivere la miseria in cui il futuro dittatore visse la sua infanzia. Egli stesso insisterà su questo punto nel libro dedicato a suo fratello Arnaldo, nato nel 1885 e morto prematuramente nel 1931. Si voleva trasmettere l'immagine di un uomo eccezionale giunto al vertice della nazione partendo dal nulla. In realtà i Mussolini non erano così poveri da soffrire la fame. Il padre esercitava il mestiere di fabbro e per il suo impegno politico era una personalità nota nel paese, tanto da ricoprire per un breve periodo la carica di prosindaco di Predappio. La madre aveva studiato, cosa tutt'altro che comune per le donne di campagna nell'Italia di allora, e lavorava come maestra. I redditi dei genitori erano modesti, ma tali da assicurare un'esistenza dignitosa a loro e ai tre figli: oltre ai due maschi, nel 1888 era arrivata anche una femmina, Edvige.

Alessandro Mussolini è un militante socialista di un certo peso, contribuisce notevolmente nel 1882 all'elezione del già citato Andrea Costa. E, pur essendo un lavoratore manuale, scrive con una certa assiduità sulla stampa di sinistra. Un altro dato significativo è che in casa circolano libri e giornali, si parla più in italiano che in dialetto romagnolo. I figli ricevono tutti un'istruzione ben superiore alla media dell'ambiente in cui crescono. Quanto al rapporto con la religione, i genitori sono divisi: cattolica devota la madre, ateo convinto e anticlericale il padre. Anche i figli sono orientati in modo diverso: Benito detesta i preti e la religione, Arnaldo è credente.

Il futuro Duce è un monello prepotente e aggressivo, dal carattere chiuso. Combina frequenti marachelle, si dipingerà anni dopo come «un audacissimo ladro campestre», però a volte si isola e cammina a lungo nella campagna. La madre lo rimprovera spesso, ma lui non se ne dà per inteso: «Non ho mai saputo obbedire, volevo fare ciò che mi piaceva», racconterà molti anni dopo all'amante Claretta Petacci. «Era Arnaldo», aggiungerà, «che mi calmava sempre.» In effetti il fratello, finché resterà in vita, eserciterà una qualche influenza moderatrice su Benito anche dopo la sua ascesa al potere.

Per quanto indisciplinato, il piccolo Mussolini dimostra subito di avere ingegno. Così i genitori nel 1892 lo mandano in collegio dai salesiani a Faenza, dove però si trova malissimo. Dopo due anni passa in un convitto laico a Forlimpopoli, intitolato a Giosuè Carducci e gestito dal fratello del poeta, Valfredo. Qui il ragazzo si dimostra ancora turbolento, ma riesce comunque a prendere il diploma di maestro elementare. Il 31 gennaio 1901, in seguito alla morte pochi giorni prima del grande compositore Giuseppe Verdi, Benito viene incaricato di commemorare il musicista in occasione di una recita teatrale organizzata dalla scuola. Evidentemente aveva già mostrato le doti oratorie che gli saranno poi molto utili nella successiva carriera di agitatore. E dire che da piccolo aveva cominciato a parlare tardi: fino a tre anni non riusciva ad articolare frasi di senso compiuto.

In questo periodo Mussolini comincia a frequentare, sulla scia del padre, le organizzazioni socialiste. E tuttavia, come fa notare lo storico Renzo De Felice nel primo volume della ponderosa biografia che gli ha dedicato, il giovane Benito pare interessato, più che alla politica, alle conquiste femminili. La sua prima esperienza sessuale, a quanto è dato sapere, avviene in una casa di tolleranza forlivese nel corso dell'anno scolastico 1899-1900. In uno scritto autobiografico, composto durante un soggiorno in prigione, Mussolini ricorderà quanto intensamente fosse attratto, nelle serate danzanti, dal «contatto colle ragazze dai capelli profumati e dalla pelle secernente un sudore acre all'odorato».

È proprio per via di una donna, per giunta già sposata, con cui ha intrecciato una relazione sentimentale, che Benito perde il suo primo impiego, quello di insegnante elementare nel comune di Gualtieri, in provincia di Reggio Emilia. A quel punto, nell'estate del 1902, il suo destino appare incerto. Non intende tornare a Dovia e dipendere dai genitori, la cui situazione economica è nel frattempo migliorata per via di un'eredità ricevuta dal ramo materno della parentela. Ma di affrontare concorsi per un posto da maestro non ha proprio voglia. Per dirla tutta, non si sente tagliato per l'insegnamento, senza contare che incombe su di lui la prospettiva del servizio militare, alquanto sgradita per un temperamento ribelle come il suo.

Mussolini decide allora, come scriverà poi, di «tentare la fortuna». Racconta ai genitori di avere trovato un impiego in Svizzera e ottiene dalla madre la somma necessaria per espatriare. In terra elvetica il giovane romagnolo si rende ben presto conto che il duro lavoro manuale non è fatto per lui. Ma la frequentazione degli immigrati socialisti dall'Italia, che gli danno una mano, lo porterà a scoprire le due autentiche vocazioni della sua vita: il giornalismo e la politica.

26 marzo 1904
Sfida al Padre Eterno

Oggi forse ci parrebbe bizzarro organizzare un dibattito tra due relatori contrapposti sul tema dell'esistenza di Dio. Ma ai primi del Novecento il movimento socialista aveva nell'ateismo uno dei suoi tratti più marcati. Succede così che alla Casa del popolo di Losanna, in Svizzera, nella serata del 26 marzo 1904, si sfidano in una contesa oratoria sul Creatore il pastore evangelico Alfredo Taglialatela e un giovane agitatore sovversivo appena ventenne, Benito Mussolini.

In quell'occasione il futuro Duce, di fronte a un pubblico costituito soprattutto da emigrati italiani, utilizza un espediente retorico rimasto famoso e ripreso anche dal regista Marco Bellocchio nel film *Vincere*. Secondo Angelica Balabanoff, esule russa allora legata a lui, Mussolini disse: «Datemi un orologio. Do dieci minuti di tempo al Padre Eterno. Se egli non mi colpisce in questo limite di tempo, vuol dire che non esiste. Lo sfido».

Lo stratagemma ha successo, non solo perché il combattivo oratore sopravvive alla prova, ma anche perché nel complesso i presenti, circa cinquecento persone, hanno l'impressione che la posizione ateista abbia prevalso nel duello. Tant'è vero che poco dopo il testo dell'intervento di Mussolini viene stampato in opuscolo a Lugano con il titolo *L'uomo e la divinità*, come prima pubblicazione di una Biblioteca internazionale di propaganda razionalista diretta dal socialista Giacinto Menotti Serrati. Nel 2019 è stato riproposto dalle edizioni Fede & Cultura, a cura di Francesco Agnoli, con il titolo *Dio non esiste*.

Ma come mai Mussolini era così ostile alla religione, nonostante sua madre, la maestra Rosa Maltoni, fosse una fervida credente?

Sull'ateismo del futuro dittatore ha influito forse il padre Alessandro, fabbro socialista di Predappio, ma certamente molto di più l'esperienza traumatica vissuta da bambino nel collegio salesiano di Faenza. Il piccolo Benito vi è rimasto due anni, tra il 1892 e il 1894, che per lui sono stati un inferno. Monello «irrequieto e manesco», come lui stesso si sarebbe definito, si trova a dover consumare un vitto pessimo e osservare una disciplina rigidissima, tra «umiliazioni e privazioni», anche perché considerato «figlio di un capopopolo».

Particolarmente odioso gli risulta il maestro Agostino Bezzi, del quale in seguito descriverà la «abominevole immagine» nei suoi ricordi: «Egli non mi poteva soffrire e io lo esecravo, lo esecro ancora s'egli è vivo e se è morto sia pur sempre maledetto. Non so, non posso perdonare a chi mi ha diabolicamente avvelenato i migliori anni della mia vita». Questo disagio contribuisce a produrre il suo distacco dalla religione. Si dà malato per non andare a messa ogni mattina, ma al tempo stesso è spaventato dal pensiero delle punizioni divine con le quali i salesiani ossessionano i piccoli alunni.

Quando ferisce alla mano un compagno con un coltello e viene severamente punito, i genitori decidono di trasferirlo altrove, in un collegio laico di Forlimpopoli, dove si trova molto meglio e consegue il diploma di maestro elementare. Dopo alcuni tentativi andati a vuoto, ottiene nel 1902 la nomina a insegnante presso il comune di Gualtieri (Reggio Emilia), ma qui intreccia una relazione amorosa con una donna sposata e il conseguente scandalo lo costringe a cambiare aria.

Mussolini emigra quindi in Svizzera e accentua il suo impegno politico, fino a quel momento piuttosto limitato. Da tempo è un lettore vorace di libri e giornali, un autodidatta tutt'altro che sprovveduto. E s'inserisce così negli ambienti dell'emigrazione italiana nella Confederazione elvetica, allora piuttosto numerosa, diventando collaboratore della stampa socialista. Rimane in Svizzera, nonostante diversi problemi con le autorità locali, fino al 1904.

Assai vicine gli sono in quel periodo due personalità già citate, con cui entrerà successivamente in forte contrasto. Angelica Balabanoff – che per un certo periodo è anche la sua amante, ma rimarrà sempre fedele agli ideali socialisti – traccerà un ritratto al vetriolo del Duce nel libro *Il traditore* del 1942. Giacinto Menotti Serrati subentrerà a Mussolini nella direzione del quotidiano socialista «Avanti!» dopo la svolta interventista del futuro dittatore. E la polemica tra i due si farà rovente: nel 1920 Serrati verrà anche aggredito fisicamente dai fascisti. Morirà nel 1926, dopo aver aderito al Partito comunista d'Italia.

Invece il pastore Taglialatela, rivale di Mussolini nel dibattito di Losanna, diventerà un convinto ammiratore del Duce e del regime littorio. La storia è piena di paradossi.

7 marzo 1909

Duello tra futuri premier

Succede a Untermais, in italiano Maia Bassa, nei pressi di Merano, il 7 marzo 1909, quando il Sud Tirolo (o, se vogliamo, l'Alto Adige) è ancora parte integrante dell'Austria-Ungheria, l'Impero asburgico. Nella sala messa a disposizione dall'albergo Alla Corona va in scena un duello oratorio tra un socialista e un cattolico. I due sono molto distanti per idee e carattere, ma li accomuna un fatto non secondario: entrambi in futuro saranno alla testa del governo italiano per parecchi anni, uno di loro per oltre venti. Il socialista non è suddito degli Asburgo, è un agitatore giunto dall'Italia, anzi dalla Romagna, e si chiama Benito Mussolini. Il suo antagonista invece è trentino e sarà eletto due anni dopo al Parlamento di Vienna. Risponde al nome di Alcide De Gasperi.

L'occasione del dibattito è offerta da una vertenza sindacale che vede operai e artigiani della regione fronteggiare l'organizzazione degli imprenditori, specie quelli alberghieri. All'epoca il Sud Tirolo è già un rinomato luogo di villeggiatura. I lavoratori sono divisi tra quelli di tendenza socialista e quelli di appartenenza cattolica: si tratta di vedere se è possibile trovare un'intesa, come propongono i secondi, per operare insieme. Alla mattina Mussolini e De Gasperi hanno tenuto comizi ai loro seguaci di Merano, ora bisogna mettere a confronto le posizioni davanti a un pubblico misto. All'epoca l'usanza del «contraddittorio» tra oratori di idee diverse era assai diffusa.

È una giornata molto fredda, secondo quanto riferiscono le cronache dell'epoca, e l'uditorio è composto in larga prevalenza da operai e artigiani immigrati dall'Italia in cerca di lavoro. Mussolini arriva per primo e prende la parola verso le due del pomeriggio, senza attendere il suo interlocutore. Giunto in Trentino da appena un mese, è diventato direttore del settimanale «L'Avvenire del lavoratore», che con lui alla guida ha assunto un piglio molto aggressivo. E il suo discorso a Untermais non è da meno. «O muratori», è il suo esordio, «voi che vivete in questa città, ove la borghesia del Nord manda i suoi scarti a cercare un raggio di sole e un po' d'aria pura, voi che qui avete costruito questi immensi alberghi che con il loro lusso costituiscono un affronto alla vostra miseria, voi date con la vostra lotta un esempio alla classe operaia austriaca, ma anche a quella di tutti i Paesi. Mostrate che si può vincere senza compromessi e senza vigliaccheria.»

Non basta. Mussolini attacca duramente la Chiesa cattolica, che dipinge come nemica del popolo sfruttato, ed esorta i lavoratori ad assumere un atteggiamento rivoluzionario per prepararsi all'espropriazione dei padroni. Nel frattempo è arrivato in sala De Gasperi. Anche lui non ancora trentenne (è nato nel 1881, mentre il futuro Duce è del 1883), per la sua vasta cultura e il temperamento riflessivo è entrato nelle grazie del potente vescovo di Trento, monsignor Celestino Endrici. Il suo discorso è l'opposto di quello che lo ha preceduto: nega ogni credibilità ai propositi rivoluzionari e sostiene l'esigenza di una solidarietà fra operai di diverso orientamento perché «ciò che urge è la lotta cogli imprenditori». Poi il dirigente cattolico lascia l'adunanza per andare a prendere il treno, suscitando i commenti ironici degli spettatori socialisti.

La discussione del 7 marzo ha un seguito sulla stampa. Dalle colonne dell'«Avvenire del lavoratore» Mussolini attacca violentemente De Gasperi, con un forte accanimento anticlericale. Il futuro leader democristiano replica scrivendo sul suo giornale, «Il Trentino», che l'agitatore socialista considera «la vita pubblica come un torneo di insulti e di bastonate». E il rivoluzionario romagnolo conferma questa tesi con un successivo forsennato attacco in cui parla di «cronica stitichezza intellettuale» di De Gasperi e fustiga l'ipocrisia dei cattolici, «discendenti spirituali» di una Chiesa la cui storia è costituita «da una serie continua di violenze», che si fingono «incapaci di offendere», ma sono soprattutto maestri «nell'arte di affermare scientemente il falso».

In questa fase della sua vita Mussolini comincia a collaborare con la rivista fiorentina «La Voce», diretta da Giuseppe Prezzolini. E proprio a lui indirizza una lettera in cui si dice convinto che il Trentino sia fedele all'imperatore austriaco Francesco Giuseppe. Verranno molto più avanti i tempi in cui sosterrà le tesi irredentiste, anche se già adesso coltiva i rapporti con Cesare Battisti, futuro deputato socialista a Vienna e poi martire del patriottismo italiano durante la Prima guerra mondiale. Battisti non solo lo fa scrivere sul suo quotidiano «Il Popolo», ma il 2 agosto 1909 lo nomina redattore capo.

A quel punto però Mussolini, con la sua attività sovversiva e le polemiche incendiarie, è già entrato nel mirino delle autorità. «L'Avvenire del lavoratore», che sotto la sua direzione è passato da 1.600 a 2.400 copie tirate, viene spesso sequestrato. Il procuratore di Trento, Carlo Tranquillini, lo considera un elemento assai pericoloso e già nel mese di giugno del 1909 ne ha caldeggiato l'espulsione dal territorio asburgico. Il 10 luglio il magistrato ha ottenuto il benestare del ministro dell'Interno Guido von Haerdtl, ma attende l'occasione propizia per agire.

Il 29 agosto 1909 Francesco Giuseppe visita Innsbruck, capoluogo del Tirolo. E il giorno stesso vengono misteriosamente rubate a Trento 300 mila corone. Forse i ladri hanno approfittato del fatto che le forze dell'ordine erano mobilitate altrove per l'arrivo dell'imperatore. Sta di fatto che Tranquillini prende la palla al balzo e ordina perquisizioni a tappeto nelle sedi e nelle case dei socialisti. Il 10 settembre tocca anche a Mussolini, che viene arrestato e portato da Trento nella più placida Rovereto. Con il pretesto di una lettera dai toni piuttosto accesi trovata nella sua abitazione, l'agitatore è accusato di eccitamento ad azioni immorali e proibite dalla legge e all'odio e al disprezzo contro le autorità dello Stato asburgico.

Il 14 settembre 1909 scatta il decreto di espulsione nei confronti di Mussolini, ma dieci giorni dopo viene processato e assolto. Per gli inquirenti è un grosso smacco, al quale rimediano tenendo il futuro dittatore in cella perché la procura ha interposto appello. Per tutta risposta l'imputato avvia uno sciopero della fame. E a quel punto, per non peggiorare la situazione, il 26 settembre 1909 viene rimandato in Italia, dove il suo caso fa un certo rumore, con tanto di interpellanze parlamentari. A loro volta i socialisti trentini proclamano uno sciopero generale di protesta, che però non raccoglie grandi adesioni per il boicottaggio dei cattolici.

Dalla sua esperienza in territorio asburgico l'agitatore romagnolo ricava così una rilevante notorietà. Ne trae anche un saggio pubblicato nel 1911 dalle edizioni della «Voce» dell'amico Prezzolini, *Il Trentino veduto da un socialista*, che il suo biografo Renzo De Felice ha giudicato «una delle opere migliori scritte da Mussolini in tutta la sua vita». Dal testo, però, forse per evitare azioni legali, vengono espunti alcuni aggettivi troppo violenti e un intero brano su De Gasperi, presumibilmente non molto tenero.

I due futuri capi del governo avranno comunque modo di ritrovarsi su sponde opposte nell'Italia uscita dalla Prima guerra mondiale.

1° settembre 1910
Gli affetti di un fedifrago

Il 1° settembre 1910 a Forlì la ragazza ventenne Rachele Guidi dà alla luce una bambina. Si tratta di una nascita avvenuta fuori dal matrimonio – «illegittima», si diceva allora –, e la piccola Edda viene registrata all'anagrafe come figlia di Benito Mussolini, suo padre, e di madre ignota. Nascerà per questo la diceria che sia figlia in realtà di Angelica Balabanoff, rivoluzionaria russa che l'agitatore romagnolo aveva conosciuto in Svizzera, ma si tratta di un'illazione senza fondamento.

Mussolini, espulso dal Trentino asburgico nel settembre 1909, è tornato in Romagna. Sua madre, la maestra Rosa Maltoni, è morta nel 1905 e il padre Alessandro ha lasciato Predappio e il mestiere di fabbro per trasferirsi a Forlì, dove gestisce una trattoria insieme a una vedova, Anna Lombardi, che è diventata la sua nuova compagna. La figlia di quest'ultima è appunto Rachele Guidi: nata nel 1890 da genitori contadini a Salto, frazione di Predappio, ha avuto come insegnante la madre di Benito, ma poi ha lasciato la scuola a soli nove anni per via della scomparsa di suo padre. Trasferitasi in città, lavora a servizio presso famiglie forlivesi. Aveva conosciuto Mussolini già da bambina, ma è nel 1907 che i due giovani hanno cominciato a frequentarsi. E al ritorno di Benito dall'esperienza trentina hanno deciso di andare a vivere insieme. Il che è avvenuto nel gennaio del 1910, lo stesso mese in cui Mussolini ha assunto la guida del Partito socialista di Forlì.

Nel tempo Rachele si rivelerà un punto fermo nella vita del leader romagnolo, il suo forte ancoraggio domestico. Lo seguirà a Milano e poi a Roma, soffrendo per i continui tradimenti del suo uomo: tra i più noti la relazione con Ida Dalser, una donna trentina che sosterrà di aver contratto matrimonio religioso con il futuro Duce e lo costringerà a riconoscere il figlio avuto da lui nel 1915, ma finirà molto male, rinchiusa in manicomio. Benito e Rachele si sposano con rito civile il 16 dicembre 1915 in un ospedale militare di Treviglio, in provincia di Bergamo, dove Mussolini, richiamato alle armi per la Prima guerra mondiale, era ricoverato per aver contratto il paratifo. Dieci anni dopo, nel dicembre 1925, arriverà anche il matrimonio religioso, nel quadro del processo di avvicinamento del fascismo alla Chiesa cattolica.

Dopo Edda nasceranno Vittorio nel 1916, Bruno nel 1918, Romano nel 1927 e Anna Maria nel 1929.

Rachele Guidi è una donna di scarsa cultura e orizzonti limitati, che si occupa esclusivamente delle faccende casalinghe. Le testimonianze che ha lasciato, raccolte da Anita Pensotti in un libro intitolato *Benito il mio uomo*, non ci dicono nulla di realmente rilevante su Mussolini, che evidentemente non la metteva a parte dei suoi pensieri e dei suoi intenti politici. Di fatto, sin dagli anni milanesi è completamente tagliata fuori dalle frequentazioni del marito, che intrattiene una relazione sentimentale molto intensa con Margherita Sarfatti (il cognome è del marito Cesare Sarfatti, un avvocato socialista, quello d'origine era Grassini), una persona colta e raffinata, critica d'arte proveniente da una ricca e famosa famiglia ebrea veneziana, ma convertita al cristianesimo. I due si conoscono nel 1912 nell'ambiente del Psi e divengono presto amanti: nel rapporto con il futuro dittatore Margherita troverà anche un conforto rispetto al terribile dolore derivante dalla morte del figlio Roberto, volontario di guerra caduto al fronte nel 1918 e medaglia d'oro al valor militare.

Nel salotto della Sarfatti Mussolini ha modo di conoscere artisti, intellettuali e gente altolocata. La donna lo aiuta a dirozzarsi, lo fa sentire accettato nella buona società milanese. Diverrà poi la direttrice della rivista teorica fascista «Gerarchia» e nel 1925 pubblicherà in inglese la biografia del dittatore *The Life of Benito Mussolini*, uscita nel 1926 in Italia con il titolo *Dux*, che diventerà un bestseller internazionale tradotto in 18 lingue. Nei primi anni Trenta però l'amore tra i due perde d'intensità e nel 1934 Margherita parte per gli Stati Uniti. Sempre legata alle sue radici ebraiche nonostante la conversione, si allontanerà definitivamente dall'Italia fascista in seguito all'emanazione delle leggi razziali e tornerà solo nel 1947. Nel frattempo era stata sostituita come amante principale del Duce da Claretta Petacci, di cui si dirà più avanti.

Rachele subisce queste umiliazioni senza reagire: si limita ogni tanto a qualche accesso di gelosia che non modifica per nulla il comportamento disinvolto del marito. Ha un carattere molto diverso sua figlia Edda, che si dimostra sin da piccola una vivacissima ribelle, molto simile al padre che adora. In famiglia la chiamano «cavallina matta». Inviata nel 1925 al prestigioso Istituto femminile della Santissima Annunziata di Poggio imperiale di Firenze, lo lascia dopo un anno per assoluta incompatibilità con quell'ambiente aristocratico. Non prende alcun titolo di studio. Pare che Mussolini in quel periodo abbia detto: «Sono riuscito a sottomettere l'Italia, ma non riuscirò mai a sottomettere mia figlia».

Edda fuma, guida l'automobile con piglio spericolato e dimostra il suo coraggio a soli 16 anni, quando salva una compagna che rischiava di affogare. Ha diversi pretendenti, ma li scarta tutti finché agli inizi del 1930, diciannovenne, non incontra Galeazzo Ciano, brillante figlio di un eroe di guerra, Costanzo, che è diventato ministro e poi conte. Tra la ragazza e il giovanotto sboccia l'amore, ma di questo ci si occuperà in un capitolo successivo.

26 settembre 1911

In azione con Nenni

La Romagna è una regione rossa, irrequieta e ribelle, sempre pronta a contestare le scelte dei governanti moderati. Questa volta, poi, il primo ministro liberale Giovanni Giolitti l'ha fatta davvero grossa. Sospinto dai nazionalisti, dalla stampa di opinione e da alcuni influenti ambienti economici, ha deciso di occupare la Libia, possedimento turco, e ha preparato un ultimatum da inviare all'Impero ottomano, che attraversa da tempo una fase di grave decadenza. A Forlì la notizia della guerra imminente ha suscitato l'indignazione dei partiti di estrema sinistra, Pri e Psi, che si mobilitano ancora prima delle centrali sindacali nazionali e proclamano lo sciopero generale provinciale a partire dal 26 settembre 1911. A capo dei repubblicani c'è Pietro Nenni, un animoso tribuno appena ventenne che diventerà il leader storico del Psi. Alla testa dei socialisti troviamo invece Benito Mussolini.

In questa fase della sua vita il futuro Duce è un acceso antimilitarista e un rivoluzionario convinto. Quando le avvisaglie dell'impresa militare si sono fatte più concrete, ha scritto il 5 agosto un articolo incendiario sulla «Lotta di classe», il settimanale da lui fondato a Forlì l'anno prima. Ha liquidato il concetto di patria come «una menzognera finzione che ormai ha fatto il suo tempo» e ha avvertito la borghesia che il proletariato è pronto a trasformare la «guerra fra le nazioni» in una «guerra fra le classi».

Nella notte tra il 25 e il 26 settembre 1911 i militanti rivoluzionari entrano in azione, sabotando le linee della tranvia fra Forlì e il vicino centro abitato di Meldola. Al mattino la città è paralizzata, con drappelli di dimostranti che girano per le vie obbligando i negozi a chiudere. Viene invaso anche lo zuccherificio locale, per costringere ad abbandonare il lavoro gli operai restii a scioperare. A mezzogiorno scoppiano poi gravi tumulti quando tremila persone si raccolgono alla stazione ferroviaria, dove sono in arrivo i richiamati alle armi del distretto forlivese. I manifestanti cercano di impedire in tutti i modi il passaggio alle reclute e per disperderli devono intervenire la truppa e la cavalleria. Un ufficiale viene colpito da un sasso, sette dimostranti restano feriti.

Al pomeriggio si tiene un affollato comizio di protesta: il prefetto stima la partecipazione in circa quattromila persone, mentre secondo gli organizzatori sono più di diecimila. Per i socialisti parlano Mussolini, con i soliti toni violenti, e Umberto Bianchi; a nome dei repubblicani intervengono Nenni e Armando Casalini, un fervente mazziniano che diventerà deputato fascista e nel 1924 sarà assassinato durante la crisi del delitto Matteotti. La manifestazione si svolge senza incidenti, sotto l'occhiuta vigilanza delle forze di polizia.

Per il giorno dopo è previsto lo sciopero nazionale indetto dalla Confederazione generale del lavoro (Cgl, da non confondersi con l'attuale Cgil, fondata nel 1944), e ovviamente l'astensione dal lavoro prosegue anche nel Forlivese. Ma nel resto d'Italia l'agitazione non raccoglie grandi adesioni, certo non tali da indurre il governo a rivedere i suoi intenti bellicosi. Il 28 settembre l'ultimatum viene presentato al governo di Costantinopoli e subito dopo cominciano le operazioni militari. Nei primi giorni di ottobre le forze italiane conquistano Tripoli, ma il conflitto sarà lungo e sanguinoso.

Intanto Mussolini prende di mira sulla «Lotta di classe» la dirigenza riformista del suo partito e del sindacato, che ritiene responsabile per il mancato successo dello sciopero nazionale a causa della sua irresolutezza. Con la veemenza che lo contraddistingue, bolla i suoi avversari interni al Psi come «fantocci impagliati» che occorre esautorare affermando una «nuova mentalità rivoluzionaria».

Inevitabilmente le autorità di polizia tengono d'occhio una simile testa calda, temendo che qualche evento della guerra possa innescare altre agitazioni in Romagna. E altrettanto vale per Nenni. Il 14 ottobre 1911, verso mezzogiorno, le forze dell'ordine arrestano il dirigente repubblicano e Aurelio Lolli, suo compagno di partito. Due ore dopo tocca a Mussolini. Le accuse contro il futuro Duce sono piuttosto gravi e numerose: istigazione alla violenza, resistenza alla forza pubblica, violazione della libertà dei coscritti e dei negozianti, danneggiamento delle linee ferroviarie, telefoniche e telegrafiche.

Così i due futuri rivali Mussolini e Nenni, destinati a scontrarsi frontalmente negli anni a venire, si trovano a condividere lo scomodo ruolo d'imputati nel processo che comincia a Forlì il 18 novembre. Il futuro Duce, in un discorso che suscita grande impressione nell'uditorio, respinge le accuse specifiche, ma rivendica il contenuto polemico dei suoi articoli, compreso l'incitamento al sabotaggio. E ai giudici dichiara: «Se mi condannerete mi farete onore, perché voi vi trovate alla presenza non di un malfattore, di un delinquente volgare, ma di un assertore di idee, di un agitatore di coscienze, di un milite di una fede, che s'impone al vostro rispetto, perché reca in sé i presentimenti dell'avvenire e la forza grande della verità».

Il 23 novembre 1911 la corte condanna Mussolini a un anno di reclusione, Nenni a un anno e quindici giorni, Lolli a sei mesi. Agli imputati viene negata la libertà provvisoria. Trasferiti nelle carceri di Bologna, affrontano il 12 febbraio 1912 nel capoluogo emiliano il processo di appello, che si conclude con significativi sconti di pena. Un mese dopo il dirigente socialista torna in libertà e i compagni di Forlì organizzano un banchetto in suo onore. Durante la detenzione ha redatto un testo autobiografico, che rimarrà uno dei racconti più sinceri che abbia scritto su se stesso. Ma soprattutto la disavventura carceraria di Mussolini ne ha ampliato la notorietà ben oltre i confini della Romagna. Ci sono tutti i presupposti per quella che sarà una rapida scalata al potere nell'ambito del Partito socialista.

8 luglio 1912

Un oratore incendiario

Reggio Emilia, 8 luglio 1912. Al teatro Ariosto si celebra il XIII Congresso nazionale del Partito socialista italiano (Psi). Intorno alle 14.15 prende la parola, per quello che sarà l'intervento decisivo dell'intero dibattito, un delegato romagnolo. Sta per compiere 29 anni, è uscito pochi mesi prima dal carcere dove era stato rinchiuso per aver manifestato contro la guerra coloniale in Libia. Si chiama Benito Mussolini.

Leader del Psi nel Forlivese, proveniente da un'esperienza in Svizzera e da un'altra in Trentino (allora possedimento austriaco), per molti militanti è quasi uno sconosciuto, ma incarna perfettamente i sentimenti rivoluzionari della maggioranza della platea, stanca della politica moderata e accomodante del gruppo parlamentare socialista, dominato dai riformisti.

Mussolini reca con sé un ordine del giorno che boccia la relazione presentata dai deputati del Psi al

Congresso, definita «povera, scheletrica», e deplora l'«inazione politica» del gruppo a Montecitorio, «che ha contribuito a demoralizzare le masse». A questo duro giudizio segue, nel testo, quella che lo stesso agitatore romagnolo definisce una «lista di proscrizione», con cui si chiede che vengano espulsi dal partito Leonida Bissolati, Angiolo Cabrini e Ivanoe Bonomi, parlamentari riformisti colpevoli di essere andati al Quirinale per congratularsi con il re Vittorio Emanuele III appena sfuggito a un attentato. Lo stesso provvedimento viene invocato contro Guido Podrecca, che alla Camera si è schierato a favore dell'impresa coloniale a Tripoli (sette anni dopo Podrecca sarà tra i fondatori dei Fasci di combattimento).

Mussolini prende la parola. E la cronaca del «Corriere della Sera» sottolinea la sua profonda sintonia con l'uditorio, che lo applaude ripetutamente: «L'oratore, magro, aspro, che parla a scatti, con sincerità, piace al Congresso, il quale sente di avere in lui un interprete dei suoi sentimenti».

Il discorso è molto polemico, a tratti violento. Mussolini, oltre a leggere il suo ordine del giorno, reclama la fine dell'autonomia politica del gruppo parlamentare, di cui depreca «la disinvoltura morale». Dichiara che l'attentato alla vita di Vittorio Emanuele III deve essere considerato come un normale «infortunio del mestiere del re». Paragona i deputati riformisti del Psi a «germi patogeni introdottisi nella circolazione del sangue». Conclude con una professione d'intransigenza: «Bissolati, Cabrini, Bonomi e gli altri aspettanti possono andare al Quirinale, anche al Vaticano, se vogliono, ma il Partito socialista dichiari che non è disposto a seguirli né oggi, né domani, né mai». Il Congresso va in delirio.

Al momento delle votazioni, la linea rivoluzionaria sostenuta da Mussolini s'impone di gran lunga con 12.556 suffragi congressuali. Altre due mozioni, più morbide verso i riformisti di destra, ottengono rispettivamente 5.633 e 3.250 voti, mentre le astensioni sono 2.072. I reprobi sono quindi espulsi, mentre il giovane romagnolo esce trionfatore dal Congresso e viene naturalmente eletto nella direzione del partito.

In novembre giunge la consacrazione definitiva. Mussolini è nominato direttore del quotidiano ufficiale del Psi, l'«Avanti!», che è anche lo strumento principale con cui il partito si rivolge alla propria base. Si tratta di un incarico della massima importanza, con il quale il sanguigno romagnolo diventa un punto di riferimento fondamentale per tutti i socialisti, ma anche per un'area più vasta che comprende i sindacalisti rivoluzionari e tutti coloro che non ne possono più dell'equilibrio politico compromissorio incarnato a livello governativo dalla figura del leader liberale Giovanni Giolitti.

Mussolini si trasferisce così dalla Romagna a Milano, dove ha sede la redazione dell'«Avanti!». Dal 1910 ha una compagna fissa, Rachele Guidi, che sposerà civilmente nel 1915, ma questo non gli impedisce di coltivare altre relazioni sentimentali. Dopo

Edda, nata a Forlì, il secondogenito, Vittorio, verrà alla luce a Milano nel 1916.

Alla guida dell'«Avanti!» Mussolini dimostra un brillante talento di comunicatore. Nel giro di un paio d'anni il giornale quasi raddoppia le vendite, da una media di 34 mila a una di 60 mila copie giornaliere, con punte di 100 mila. La linea è improntata alla massima intransigenza verso le istituzioni borghesi. Nei casi in cui la polizia spara sulla folla uccidendo lavoratori in sciopero, purtroppo frequenti in quella fase storica, il direttore socialista usa parole di fuoco: «Nessuna violenza è più legittima», scrive, «di quella che viene dal basso come reazione umana alla criminosa politica della strage».

Non stupisce che Mussolini raccolga il consenso convinto di molti giovani socialisti che poi, anni dopo, si entusiasmeranno per la rivoluzione bolscevica. Alcuni, come Angelo Tasca e Amadeo Bordiga, scrivono sull'«Avanti!» o sulla rivista «Utopia», che il leader romagnolo ha fondato per poter ragionare di politica fuori dalle pastoie di partito. In ricordo di questa passata convergenza, un Mussolini ormai fascista, nel suo primo discorso alla Camera il 21 giugno 1921, si prenderà gioco dei deputati comunisti definendoli propri «figli spirituali».

13 luglio 1913

Al timone dell'«Avanti!»

La resa dei conti prima o poi doveva arrivare. Troppo stridente il contrasto fra la posizione dei socialisti riformisti e la linea che Benito Mussolini ha impresso al quotidiano del partito, l'«Avanti!», dopo che, nominato a novembre, ne ha assunto la direzione dal 1° dicembre del 1912. Sono bastati pochi mesi per far esplodere conflitti aspri. Prima la «Critica Sociale», rivista diretta da Filippo Turati, ha preso le distanze dall'esaltazione della violenza proletaria che ha segnato la martellante campagna di denuncia avviata nel gennaio 1913 dal leader romagnolo in seguito alle uccisioni di scioperanti da parte delle forze dell'ordine. Poi i riformisti hanno biasimato l'appoggio offerto dall'«Avanti!», nel mese di maggio, a uno sciopero dell'industria metallurgica indetto dai sindacalisti rivoluzionari milanesi, guidati da Filippo Corridoni e ostili al Psi. Per Turati, Claudio Treves e altri esponenti della corrente gradualista, Mussolini è più un anarchico che un socialista, quindi non può dirigere il giornale del partito. Anche il massimalista Giacinto Menotti Serrati si è in parte dissociato dal futuro dittatore.

Alla fine viene chiamata a dirimere la questione la direzione del Psi, che si riunisce a Roma il 13 luglio 1913. Mussolini si presenta alla riunione forte di un successo appena ottenuto. Due giorni prima la sezione milanese del partito ha sfiduciato il direttivo riformista, costringendolo a dimettersi. Insomma, la base socialista è con lui, come dimostra anche il consistente aumento di vendite del quotidiano. Nel corso della direzione del 13 luglio vengono sollevate alcune critiche per le scelte editoriali dell'«Avanti!», ma il voto finale a maggioranza promuove l'operato di Mussolini: si schierano a suo favore sette membri su dodici, tra i quali il segretario Costantino Lazzari; si pronunciano contro soltanto in tre. Per correttezza Mussolini si astiene, assieme ad Angelica Balabanoff, che lui ha chiamato al suo fianco con l'incarico di vice caporedattrice.

Però al battagliero romagnolo non basta, vuole vincere su tutta la linea. Quindi presenta le dimissioni da direttore dell'«Avanti!», imponendo un voto di fiducia che le respinga. E il responso arriva, questa volta all'unanimità. Per quanto la sua condotta si presti a riserve di vario genere, la realtà è che sostituire Mussolini provocherebbe un terremoto nel partito, che nessuno si può permettere. Bisogna peraltro ricordare che la direzione del Psi è composta per intero da rappresentanti della maggioranza rivoluzionaria uscita vittoriosa dal Congresso di Reggio Emilia, della quale il futuro Duce sta diventando la figura di maggior spicco.

Ottenuta la fiducia della direzione, Mussolini modera le sue posizioni, marca le differenze con i sindacalisti rivoluzionari e si prepara alla prova delle elezioni politiche, che si tengono il 26 ottobre, e per gli eventuali ballottaggi il 2 novembre. Per la prima volta si vota con una forma quasi di suffragio universale maschile: sono chiamati alle urne tutti i cittadini che abbiano compiuto 30 anni o abbiano raggiunto i 21 con determinati requisiti riguardanti il reddito, l'istruzione o l'assolvimento degli obblighi militari. Il sistema elettorale prevede collegi uninominali con doppio turno nel caso nessuno dei candidati superi il 50 per cento dei voti nella prima tornata. Mussolini si presenta a Forlì, ma non s'impegna più di tanto nella campagna elettorale, ben sapendo che nella zona i repubblicani sono più forti e organizzati. L'esito infatti gli è nettamente sfavorevole: raccoglie soltanto 3.346 voti contro i circa 5.700 che vanno al candidato del Pri, Giuseppe Gaudenzi. In compenso però il Partito socialista ottiene 52 seggi rispetto ai 41 della consultazione precedente, che si era svolta nel 1909 prima dell'espulsione dei riformisti di Leonida Bissolati, i quali nel 1913 conquistano 19 deputati. La linea politica rivoluzionaria esce dunque premiata dalle urne.

Quando poi il riformista Claudio Treves, eletto in due collegi, opta per Bologna, lasciando scoperto il collegio di Milano in cui aveva prevalso, Mussolini riesce a ottenere che nella necessaria elezione suppletiva venga candidato l'anziano Amilcare Cipriani, ex combattente della Comune di Parigi nel 1871, una bandiera per tutti i rivoluzionari d'Italia e d'Europa. Il comunardo, quasi settantenne, viene eletto, ma da sovversivo coerente rifiuta di giurare fedeltà al re e quindi non può prendere possesso del suo scranno a Montecitorio.

Mussolini è stato spesso dipinto come un pragmatico assoluto, pronto a giocare tutte le parti in commedia pur di ottenere il massimo di potere personale. E naturalmente è sempre molto attento alle opportunità che gli si presentano. Ma non è vero che trascuri del tutto l'elaborazione ideologica; infatti, da direttore dell'«Avanti!», tiene lezioni di storia del pensiero socialista e sente il bisogno di fondare una propria rivista, «Utopia», che esce a partire dal novembre 1913. Qui espone la sua lettura volontaristica del credo marxista, che considera la rivoluzione prima di tutto un «atto di fede», in contrapposizione alla dottrina determinista e gradualista della «Critica Sociale» di Turati.

Il XIV Congresso del Psi si svolge ad Ancona dal 26 al 29 aprile 1914. Rispetto all'appuntamento di Reggio Emilia, nonostante la rottura con Bissolati, il partito è cresciuto parecchio sotto la guida dei rivoluzionari: due anni prima aveva mille sezioni con circa 29 mila iscritti, adesso ne ha oltre 1.500 con 45 mila affiliati. La corrente maggioritaria non ha dunque problemi a imporsi. Va ricordato peraltro un dissenso che emerge ad Ancona tra due futuri antagonisti. Mussolini presenta un emendamento a una mozione per invitare le sezioni del Psi a espellere gli iscritti appartenenti alla massoneria. Giacomo Matteotti, destinato a morire assassinato dai fascisti dieci anni dopo, è d'accordo sull'incompatibilità, ma vorrebbe evitare una sorta di caccia alle streghe che reputa inopportuna. Si va ai voti e prevale largamente la tesi del direttore dell'«Avanti!», che appare sempre più il vero leader del partito.

Sempre ad Ancona, poco più di un mese dopo, scocca la scintilla che per alcuni giorni sembra poter incendiare l'Italia intera. Il 7 giugno 1914 nella città marchigiana tre dimostranti vengono uccisi nel corso di scontri con le forze dell'ordine. Segue la proclamazione dello sciopero generale, che in alcune zone del Paese assume un carattere quasi insurrezionale. È la cosiddetta «settimana rossa», durante la quale l'ordine costituito appare in pericolo. Mussolini non ha un grande ruolo nella vicenda, ma quando la Cgl decide d'interrompere l'agitazione il direttore dell'«Avanti!» non esita a definire questa scelta «una vera fellonia». Si espone così a nuovi, duri attacchi dei riformisti, che però hanno come unico esito un'ulteriore conferma della fiducia che la direzione del Psi ripone nell'agguerrito romagnolo.

I compagni non dubitano di lui, ma è Mussolini adesso che comincia a nutrire serie perplessità sulle capacità rivoluzionarie del partito. E ben presto lo dimostrerà nella maniera più clamorosa.

24 novembre 1914

«Voi mi amate ancora»

È una serata difficile per Benito Mussolini, quella del 24 novembre 1914. A Milano la sezione locale del Psi, il suo partito, deve decidere se espellerlo «per indegnità politica e morale». Il motivo? Non solo il dirigente romagnolo ha preso posizione a favore dell'intervento italiano nella Prima guerra mondiale, ma ha lasciato l'«Avanti!» socialista, di cui era il popolarissimo direttore, per fondare un suo quotidiano personale, «Il Popolo d'Italia», schierato apertamente per l'ingresso nel conflitto. È davvero troppo.

La base del Psi, che prima idolatrava il futuro dittatore, ora gli si è rivoltata contro. Gli operai odiano la guerra, dalla quale possono aspettarsi solo lutti e miseria. Quando Mussolini si presenta di fronte all'assemblea che deve giudicarlo, viene accolto da fischi e urla ostili. Lo chiamano «traditore». E la proposta di creare una commissione per esaminare il suo caso viene respinta all'unanimità.

Ciò nonostante, Mussolini chiede la parola, suscitando nuovi schiamazzi. Deve intervenire Giacinto Menotti Serrati, l'autorevole dirigente che gli è subentrato alla guida dell'«Avanti!», per placare la platea inferocita: «Quell'uomo che voi avete applaudito con tanto entusiasmo quando rappresentava l'ala rivoluzionaria del partito», dice, «deve essere udito pure oggi, che è accusato». I tumulti diminuiscono, ma il discorso del reprobo sarà comunque turbato da parecchie interruzioni.

All'inizio dell'intervento la voce di Mussolini risulta, secondo le cronache, «commossa e fioca». Sono dodici anni della sua vita che stanno andando in fumo. Lui, che in passato ha svolto veementi requisitorie contro i compagni attestati su posizioni di compromesso con la borghesia, ora si ritrova sul banco degli imputati. Sa di essere condannato in partenza e si mostra rassegnato alla sorte che lo attende: «Sarò ghigliottinato», protesta, «con un ordine del giorno che non dice niente».

Poi l'oratore cerca di fare breccia nei sentimenti più profondi dell'uditorio: «Voi credete di perdermi. Voi vi illudete. Voi oggi mi odiate perché mi amate ancora». Non risparmia le minacce: «Vi dico fin da questo momento che non avrò pietà e remissione per tutti i reticenti, per tutti gli ipocriti, per tutti i vili!». E termina rivendicando con fierezza la sua fedeltà agli ideali del movimento operaio: «Non crediate che io mi separi gaiamente da questa tessera. Strappatemela pure; ma non mi impedirete di essere in prima fila per la causa del socialismo».

A nulla serve però questa professione di fede. L'assemblea vota l'espulsione per alzata di mano, con un verdetto a larghissima maggioranza. L'indomani l'«Avanti!» plaude all'estromissione di un «elemento impuro», che si è reso responsabile di una «indegna campagna di viltà». Mussolini, sul «Popolo d'Italia», rivendica la piena validità della sua posizione: «Io innalzo apertamente la bandiera dello scisma. Non mi acquieto, ma grido; non mi piego, ma insorgo». La polemica diventerà sempre più accesa man mano che si avvicinerà l'ingresso effettivo dell'Italia nella guerra.

Va tuttavia sottolineato che Mussolini ha attraversato un periodo di profondo travaglio prima di giungere a reclamare con la massima energia l'intervento nel conflitto. Quando la guerra è scoppiata, tra la fine di luglio e l'inizio di agosto del 1914, si è schierato sull'«Avanti!» per la «neutralità assoluta», plaudendo alla decisione del governo italiano di starne fuori, nonostante il legame con la Germania e l'Austria-Ungheria rappresentato dal trattato della Triplice Alleanza. Poi con il passare dei giorni la sua posizione si è modificata.

Indubbiamente ha influito sull'agitatore romagnolo il fallimento dell'Internazionale socialista. Invece di insorgere uniti contro la guerra, i principali partiti del movimento operaio europeo si sono schierati in larga maggioranza al fianco dei rispettivi governi, appoggiandone lo sforzo bellico. Il richiamo del patriottismo ha prevalso sull'ideologia internazionalista, a dispetto degli auspici di Karl Marx.

In più si è ben presto profilata la minaccia del militarismo tedesco, deciso a soggiogare l'intero continente. La Germania, per invadere la Francia, ha aggredito il Belgio neutrale con una spregiudicatezza spietata, senza alcun riguardo per le regole del diritto internazionale. Mussolini ne è rimasto impressionato, ha definito «inaudito e brigantesco» il comportamento di Berlino. Eppure ancora il 25 settembre 1914, sull'«Avanti!», ha esortato tutte le organizzazioni socialiste a pronunciarsi sulla guerra. E la schiacciante maggioranza delle strutture interpellate si è dichiarata contro l'intervento nel conflitto.

In ottobre però sulla stampa borghese è circolata la voce che Mussolini non avrebbe visto negativamente un ingresso in guerra dell'Italia a fianco della Francia, della Gran Bretagna e della Russia. E alla fine il direttore dell'«Avanti!» è uscito allo scoperto. Il giorno stesso in cui si riuniva a Bologna la direzione del Psi, il 18 ottobre 1914, ha pubblicato sul giornale un lungo articolo in cui proponeva ai socialisti di superare la posizione della neutralità assoluta per non rimanere «spettatori inerti» dinanzi alla conflagrazione che sconvolge l'Europa. Ma il suo punto di vista è stato respinto, anzi si è trovato isolato nel gruppo dirigente del partito.

Di qui la decisione di lasciare l'«Avanti!» e di fondare un nuovo giornale, con finanziamenti procuratigli dal direttore del «Resto del Carlino» Filippo Naldi, ben introdotto presso ambienti economici influenti. «Il Popolo d'Italia», che all'inizio si proclama «Quotidiano socialista», sarà in prima fila nel reclamare l'intervento ed esalterà i moti di piazza del «maggio radioso», che nel 1915 accompagneranno l'entrata dell'Italia nel conflitto. Per Mussolini è la svolta su cui costruirà le sue fortune.

16 maggio 1915

Per una guerra di popolo

Il comizio interventista è indetto per le 17 di domenica 16 maggio 1915, all'Arena di Milano. Ma già un'ora prima una folla entusiasta e chiassosa affolla la zona prospiciente. Molti hanno con sé copie di un supplemento del «Corriere della Sera», che in prima pagina annuncia la soluzione della crisi di governo con la conferma della compagine guidata da Antonio Salandra, il presidente del Consiglio conservatore che intende portare l'Italia in guerra contro l'Austria-Ungheria. La notizia, in questo mese che la retorica bellicista definirà «maggio radioso», ha galvanizzato tutti i sostenitori dell'intervento, a partire da Benito Mussolini, che hanno temuto una deriva pacifista quando Salandra si è provvisoriamente dimesso dal suo incarico.

Il fatto è che alla Camera c'è una maggioranza neutralista, che si riconosce nella posizione contraria alla guerra del liberale Giovanni Giolitti. Di fronte alle manovre parlamentari che sembravano preludere a un cambio di governo, l'11 maggio Mussolini ha pubblicato sul suo quotidiano «Il Popolo d'Italia» un editoriale violentissimo, in cui ha scritto che bisognerebbe «fucilare nella schiena qualche dozzina di deputati», perché il Parlamento è «il bubbone pestifero che avvelena il sangue della Nazione» e quindi occorre «estirparlo». Ora però il futuro dittatore può tirare un respiro di sollievo: le consultazioni avviate dal re Vittorio Emanuele III hanno dimostrato l'incapacità dei neutralisti di costruire un'alternativa a Salandra. Anche perché, bisogna sottolinearlo, il ministro degli Esteri Sidney Sonnino il 26 aprile 1915 ha già stipulato in segreto il «patto di Londra», con cui l'Italia si è impegnata a schierarsi nella Prima guerra mondiale, in corso dall'estate del 1914, con le potenze dell'Intesa (Francia, Gran Bretagna e Russia) e contro l'Austria-Ungheria e la Germania, in cambio di ingenti guadagni territoriali.

L'atmosfera all'Arena è dunque festosa. In mezzo agli oltre diecimila manifestanti inneggianti a Salandra, oltre alle bandiere tricolori sventolano quella di Trieste, avvolta in un velo nero, e quella del Belgio, vale a dire la città asburgica che s'intende ricongiungere all'Italia con la forza e il Paese che è stato proditoriamente invaso dalla Germania l'anno prima. Un'effigie dell'odiato Giolitti viene bruciata, mentre viene esibita un'altra caricatura che raffigura lo statista liberale intento a vendere l'Italia all'imperatore tedesco Guglielmo II.

Mussolini non è tra i primi oratori, ma senza dubbio è tra i più infervorati. L'atmosfera del comizio lo esalta: il mese prima, l'11 aprile, è stato arrestato a Roma, ma subito rilasciato, per aver cercato di prendere parola durante una manifestazione interventista non autorizzata che ha dato luogo a tafferugli tra la folla e le forze dell'ordine. Ora può arringare liberamente i presenti con argomentazioni che rivelano la sua matrice socialista non ancora dismessa. Ricorda infatti la manifestazione tenutasi un anno prima, sempre all'Arena, per protestare contro un eccidio di lavoratori compiuto ad Ancona ed esorta i proletari presenti a dimostrare ora la propria solidarietà nei riguardi delle vittime civili dei tedeschi in Belgio e in Francia, perché l'autentico internazionalismo «insegna a soffrire più per lo spasimo degli altri che per i propri dolori».

Le donne che trepidano per le sorti dei loro cari, prosegue Mussolini, devono sapere che tante madri in Belgio «hanno avuti mutilati i loro bimbi» e quindi non devono trattenere gli uomini dal partecipare alla «guerra liberatrice». Il conflitto a suo avviso è inevitabile, quindi «bisogna difendersi prima di essere attaccati: se non lo facciamo oggi, avremo in un non lontano domani i barbari in casa nostra». Pur dichiarandosi soddisfatto per la conferma di Salandra, l'agitatore romagnolo chiarisce che lo scontro imminente non dovrà essere un conflitto dinastico, ma una guerra di popolo da portare fino in fondo, evitando compromessi disonorevoli come quello che nel 1866 concluse la Terza guerra d'Indipendenza, vinta dai prussiani sull'Austria anche per conto dell'Italia. Riferisce il «Corriere della Sera» che Mussolini «chiude auspicando gli Stati Uniti d'Europa», una formula che retrospettivamente suona paradossale in bocca al futuro fautore del più esasperato egoismo nazionale italiano.

Terminati i discorsi, la folla in tripudio esce dall'Arena al canto di inni patriottici e si dirige prima verso il monumento a Garibaldi davanti al Castello Sforzesco, poi in piazza del Duomo. Qui intervengono il deputato Luigi Gasparotto, futuro ministro destinato a schierarsi contro il fascismo, il sindacalista rivoluzionario Filippo Corridoni, che andrà al fronte come volontario e cadrà ucciso in ottobre, e Mussolini, «che ancora una volta grida il suo entusiasmo per la guerra e la sua fede nella vittoria».

Vibrante anche l'articolo di fondo che lo stesso Mussolini scrive per «Il Popolo d'Italia» del giorno dopo, 17 maggio 1915. La sua tesi è che le dimostrazioni interventiste hanno imposto la volontà popolare a una classe dirigente imbelle. Infine «le nuvole basse della mefitica palude parlamentare sono dileguate dinanzi al ciclone che prorompeva dalle piazze». Anche le masse operaie hanno compreso, continua l'editoriale, che la guerra «è ormai una necessità, e più che una necessità un dovere». Durissime le parole verso i suoi ex compagni socialisti, che dipinge ormai «legati mani e piedi» agli austro-tedeschi, quindi «stranieri all'Italia e al proletariato italiano». Con Claudio Treves, già suo rivale in quanto riformista ai tempi del Psi, la polemica è arrivata al punto di sfociare in un duello, che si è tenuto il 29 marzo 1915 a colpi di sciabola, per fortuna senza conseguenze troppo gravi per i due contendenti.

Nella parte finale dell'articolo spicca retrospettivamente la profezia che il futuro dittatore ripeterà anni dopo: «Abbrevieremo la durata della guerra, vinceremo». In effetti, al contrario di quanto avverrà nel secondo conflitto mondiale, l'Italia concluderà vittoriosamente la prova bellica avviata il 24 maggio 1915. Ma il prezzo da pagare sarà elevatissimo, in termini di sangue versato e risorse impiegate. Un trauma terribile di cui Mussolini saprà abilmente approfittare.

15 febbraio 1916
A Caporetto prima di Caporetto

È la quarta volta che quel bersagliere dell'esercito si trova a passare per una «piccola città slovena» occupata dalle forze italiane «appena varcato il confine» nella fase iniziale della Prima guerra mondiale. Però in questo caso, il 15 febbraio 1916, il militare racconta ciò che ha visto nel *Giornale di guerra*, un diario della sua esperienza sotto le armi che scrive, in modo discontinuo, per il quotidiano milanese di cui è direttore, «Il Popolo d'Italia». Il bersagliere si chiama Benito Mussolini. E la cittadina situata nell'alto Isonzo, fra Plezzo e Tolmino, si chiama Caporetto. È un nome che diventerà tristemente famoso e che ancora oggi nel nostro Paese è usato come sinonimo di catastrofica disfatta, perché sarà là che gli austro-tedeschi sfonderanno le linee italiane, nell'ottobre 1917, costringendo l'esercito al comando di Luigi Cadorna a ritirarsi fino al fiume Piave, in pieno Veneto, lasciando dietro di sé molti armamenti e prigionieri.

Nulla lascia presagire quella battaglia quando Mussolini attraversa il centro abitato. Incontra «lo stesso capitano e i sottufficiali che c'erano nel settembre». Non è cambiato niente, anche se la cittadina, annota, gli appare «più pulita, oserei dire ringiovanita, ma più silenziosa e deserta». Ci sono in giro pochi carri e pochi soldati, perché il traffico militare «è stato deviato alla periferia». Del resto «anche la popolazione non è cambiata». Quando entra nei negozi il bersagliere incontra di nuovo «le facce enigmatiche» viste in precedenza.

A questo punto, però, Mussolini fa un'osservazione interessante alla luce di ciò che avverrà in futuro: «No. Questi sloveni non ci amano ancora. Ci subiscono con rassegnazione e con malcelata ostilità. Pensano che noi siamo di "passaggio", che non resteremo e non vogliono compromettersi nel caso in cui ritornassero, domani, i padroni di ieri». Proprio così: in quella cittadina, che oggi fa parte della Slovenia indipendente e si chiama Kobarid, gli italiani sono arrivati come conquistatori stranieri. E sarà proprio Mussolini, una volta salito al potere, che imporrà alle popolazioni slave finite entro i confini del Regno una politica mirante ad assimilarle, con il divieto di usare la loro lingua, il cambio artificioso dei cognomi e mille altre vessazioni. Non a caso durante il regime fascista si verificheranno al confine orientale attentati irredentisti. E alcuni nazionalisti slavi saranno fucilati sulla base di condanne irrogate dal Tribunale speciale per la difesa dello Stato istituito nel 1926. La tragedia successiva delle foibe affonda le sue radici anche in queste vicende.

Mussolini, che in marzo sarà promosso caporale, nel pomeriggio visita il cimitero militare, dove le tombe dei caduti sono aumentate da trecento a settecento rispetto a novembre, e poi si reca presso il tribunale militare, dove assiste a due processi per diserzione: un sergente è condannato a vent'anni di reclusione, un soldato semplice invece viene assolto. La corte marziale appare in questo caso piuttosto mite, mentre sappiamo che le condanne a morte per diserzione erano all'epoca frequenti. In generale il *Giornale di guerra* mussoliniano fornisce una versione edulcorata del conflitto, anche perché l'autore non viene mai coinvolto nei combattimenti. L'intento di avvalorare le tesi interventiste induce il direttore del «Popolo d'Italia» a sottolineare in tono paternalistico il patriottismo, la solidarietà reciproca e lo spirito di sacrificio dei soldati. Non c'è traccia nei suoi resoconti dell'odio per la guerra che serpeggia nelle trincee.

Come ha scritto Mimmo Franzinelli, dal *Giornale di guerra* si direbbe «che Mussolini veda la vita militare attraverso lenti color rosa». Sostiene di trovarsi a suo agio, descrive una truppa che fa volenterosamente il proprio dovere. Nella corrispondenza privata il quadro è meno idilliaco, affiorano difficoltà e disagio. Diversi anni dopo, nelle sue conversazioni con Yvon

De Begnac, il Duce rievocherà l'esperienza del fronte e ammetterà l'«estraneità del contadino-soldato alle supreme idealità della guerra». Parlerà «di fucilazioni inutili, di decimazioni spaventose». E tuttavia precipiterà il Paese in altre avventure belliche.

D'altronde va ricordato che Mussolini non è partito volontario per il fronte, come hanno fatto molti altri interventisti. Avrebbe voluto imitarli e ha presentato richiesta, ma gli è stato risposto che la sua classe sarebbe stata presto mobilitata e ha scelto di aspettare, il che ha suscitato l'ironia dei suoi ex compagni dell'«Avanti!», ai quali ha risposto con la consueta vena polemica. Richiamato alle armi il 31 agosto 1915, in novembre ha inoltrato una domanda per essere ammesso al corso per allievi ufficiali, ma la richiesta è stata respinta a causa dei suoi troppo recenti trascorsi di sovversivo. Così è diventato un bersagliere dell'11° reggimento e ha condiviso le fatiche e gli stenti dei soldati semplici.

Lasciato senza una guida, affidato soprattutto alle cure del caporedattore Giuseppe De Falco, «Il Popolo d'Italia» ha subito una grave crisi di vendite. Vinta la battaglia per l'ingresso in guerra e partito per il fronte il direttore che lo gestiva in modo decisamente personalistico, il quotidiano ha perso interesse agli occhi dei lettori. Per risollevarne le sorti Mussolini ha avviato la pubblicazione a puntate del *Giornale di guerra*, che ha esordito il 28 dicembre 1915 e aiuta a rilanciare la tiratura. Nel 1923 i quindici reportage del diario saranno raccolti in un opuscolo che avrà poi un'ampia diffusione nel corso del Ventennio, quando diventerà un testo di edificazione per i giovani destinati a combattere nelle guerre volute dal regime.

23 febbraio 1917

Ferito nel corpo e nello spirito

Siamo in piena Prima guerra mondiale, verso le ore 13 del 23 febbraio 1917, otto mesi prima della disfatta di Caporetto. A quota 144 metri nei pressi di Doberdò, a sud di Gorizia, alcuni militari italiani dell'11° reggimento bersaglieri si addestrano all'uso di un lanciabombe, un cannoncino Ansen, effettuando tiri di aggiustamento. Tutto sembra procedere regolarmente, quando d'un tratto un proiettile scoppia all'interno dell'arma, provocando un diluvio di schegge. L'incidente è grave, cinque bersaglieri perdono la vita. Tra i feriti c'è anche Benito Mussolini (promosso nel frattempo caporalmaggiore), raggiunto da numerose schegge al viso, «alla regione anteriore sottoascellare destra» e a entrambe le gambe.

Finora il futuro dittatore è stato fortunato, perché lo hanno destinato a zone piuttosto calme del fronte e in un anno e mezzo sotto le armi non è mai stato impegnato in combattimenti di rilievo, mentre le truppe italiane si dissanguavano nelle ripetute offensive sul fiume Isonzo volute dal comandante in capo, il generale Luigi Cadorna. Adesso però la buona sorte sembra aver abbandonato l'agitatore romagnolo.

Dopo l'incidente Mussolini è ricoverato in un ospedale da campo. Il 1° marzo 1917 viene raggiunto da un redattore del «Popolo d'Italia», al quale, nonostante i dolori e la febbre alta, rilascia una dichiarazione quanto mai battagliera: «Dite chiaro e forte che per il trionfo degli ideali di giustizia che guidano gli eserciti della Quadruplice avrei accettato, senza rimpianti, anche un più duro destino. Dite che sono orgoglioso di avere arrossato col mio sangue, nell'adempimento del mio più rischioso dovere, la strada di Trieste!».

In aprile il ferito è trasferito a Milano, dove viene affidato alle cure del dottor Ambrogio Binda: c'è una foto che ritrae Mussolini, ancora con le stampelle, insieme a un altro paziente. Dimesso dall'ospedale il 1° agosto 1917, con una licenza di convalescenza di cinque mesi, il futuro Duce non tornerà più al fronte, probabilmente anche grazie a un interessamento delle autorità, che lo ritengono più utile alla sua scrivania di direttore del «Popolo d'Italia», da dove sostiene con grande energia lo sforzo bellico.

Il 1917 è un anno di avvenimenti cruciali. In marzo cade lo zar russo Nicola II, ed è la fine per la secolare dinastia dei Romanov. In aprile gli Stati Uniti del presidente democratico Woodrow Wilson entrano in guerra al fianco delle potenze dell'Intesa contro la Germania e l'Austria-Ungheria. In agosto il papa Benedetto XV definisce il conflitto in corso un'«inutile strage». In novembre Vladimir Lenin e il partito bolscevico prendono il potere in Russia. Ma soprattutto, pochi giorni prima, il 24 ottobre 1917, le armate tedesche e austro-ungariche sfondano il fronte italiano a Caporetto, nell'alto Isonzo, costringendo le nostre truppe a ritirarsi fino al Piave.

Per Mussolini la disfatta di quei giorni è un colpo doloroso. Alla sorella Edvige confida che preferirebbe morire piuttosto che assistere al disfacimento della nazione. Ma la sua reazione, dopo la prima fase di sgomento, è un irrigidimento nazionalista e oltranzista. «Il Popolo d'Italia» si spinge sempre più a destra, bolla la rivoluzione bolscevica come un colpo di mano ispirato dai tedeschi, indica i combattenti come l'unica possibile classe dirigente, la «trincerocrazia», per l'avvenire dell'Italia. Lo rincuora poi la strenua resistenza offerta dai nostri militari sul Piave durante la decisiva «battaglia del solstizio», nel giugno 1918.

Infine una svolta assai significativa sotto il profilo simbolico. Il 1° agosto 1918 il sottotitolo «Quotidiano socialista» scompare dalla testata del «Popolo d'Italia». Al suo posto è collocata la scritta «Quotidiano dei combattenti e dei produttori». Mussolini, mentre la situazione militare volge a favore dell'Intesa su tutti i fronti, è ormai distante anni luce dalle posizioni di un tempo. Non crede più alla lotta di classe, bensì alla contesa tra i popoli per il predominio geopolitico. Confida nella vitalità del capitalismo. «Nel periodo più rivoluzionario della storia del mondo», scrive il futuro Duce, «il socialismo non costruisce nulla, è di una passività, di una sterilità spaventosa.» Al termine della guerra, individuerà proprio nei suoi ex compagni il nemico da battere.

10 novembre 1918
Col pugnale e con la bomba

Dopo il deputato milanese Arnaldo Agnelli del Partito radicale, tocca a lui. A Benito Mussolini. Davanti al monumento che ricorda le Cinque giornate del 1848, il direttore del «Popolo d'Italia» prende la parola come oratore ufficiale davanti a una folla plaudente. È il 10 novembre 1918: una settimana prima l'Austria-Ungheria si è arresa e adesso Milano festeggia la vittoria dell'Italia nella Prima guerra mondiale, di cui l'agitatore romagnolo è stato il più fervente fautore e sostenitore. Logico che gli spetti il discorso principale delle celebrazioni. Un grande corteo si è concentrato intorno alle 14.30 in largo Cairoli, dove sorge la statua equestre di Giuseppe Garibaldi, ha sfilato in piazza del Duomo e poi ha proseguito fino al monumento nella cui cripta riposano i caduti della rivolta risorgimentale contro il dominio austriaco. Ci sono le rappresentanze delle associazioni combattentistiche, dei profughi scappati dalle loro case dopo la disfatta di Caporetto, i camion con i mutilati e le truppe d'assalto. Sventolano ovunque bandiere tricolori con lo stemma dei Savoia, ma anche i vessilli delle terre alfine «redente»: Trento, Trieste, l'Istria, Fiume. Dalle finestre piovono fiori. Risuonano l'inno nazionale, che all'epoca è la *Marcia reale*, e altre musiche patriottiche.

Mussolini è raggiante. Acclamato dai presenti, dice di sentirsi inadeguato di fronte allo spettacolo meraviglioso offerto dal corteo e in primo luogo rende omaggio ai combattenti, suscitando un'ovazione. Poi rievoca la situazione di un anno prima, quando tutto pareva perduto dopo la sconfitta di Caporetto. Invece sul Piave le forze italiane sono riuscite a riorganizzarsi e a bloccare l'avanzata nemica. C'è stata a giugno la battaglia del solstizio, ultimo disperato tentativo austro-ungarico di sfondare in Veneto. Infine, ricorda l'oratore, «la linea della resistenza di allora divenne poi la linea di partenza verso la vittoria». Bisogna aggiungere che ormai, nell'autunno 1918, l'Impero asburgico era allo stremo, fiaccato dalla guerra e dal blocco economico alleato, ma ovviamente il futuro dittatore non si sofferma su questo aspetto che rende un po' meno glorioso il successo militare di Vittorio Veneto ottenuto con l'offensiva scattata alcuni giorni prima, il 24 ottobre 1918.

Comunque sia, l'impegno avviato da Mussolini nel 1914 per l'ingresso italiano nel conflitto ha raccolto i frutti sperati. E l'oratore ricorda di aver tenuto proprio nello stesso luogo il suo primo comizio interventista assieme al sindacalista rivoluzionario Filippo Corridoni, coraggioso volontario perito in combattimento. Il nome del caduto viene accolto dalla folla con prolungate manifestazioni osannanti. Il direttore del «Popolo d'Italia» non si limita tuttavia alle suggestioni emotive. Entra nel merito delle rivendicazioni territoriali che bisogna avanzare al tavolo della pace. Cita la «riva orientale dell'Adriatico», cioè la Dalmazia, che pure è abitata in maggioranza da popolazioni slave, come una terra che deve diventare a ogni costo italiana.

Al tempo stesso, però, Mussolini, con un'evidente contraddizione, esalta la vittoria quale trionfo dei diritti dei popoli sull'imperialismo e il militarismo degli imperi sconfitti: «Sulle rovine del vecchio mondo», esclama, «si delinea il sogno della società delle nazioni». Ben presto il nodo verrà al pettine. Quando Leonida Bissolati, campione dell'interventismo democratico, terrà un discorso nel teatro alla Scala, l'11 gennaio 1919, per sostenere una linea conciliante verso gli slavi sulla questione dalmata, Mussolini sarà in prima fila con altri esagitati a contestarlo violentemente, fino a impedirgli di terminare l'intervento. Tra il principio di autodeterminazione delle nazionalità, sostenuto dal presidente americano Woodrow Wilson, e il «sacro egoismo» dell'Italia, il combattivo romagnolo sceglie già senza esitazione il secondo corno del dilemma. Si delinea insomma il mito della «vittoria mutilata», formula coniata il

24 ottobre 1918 dal poeta Gabriele D'Annunzio sulle colonne del «Corriere della Sera».

All'espansionismo territoriale Mussolini, che all'epoca è ancora un esponente della sinistra patriottica, associa tuttavia nel suo intervento del novembre 1918 il richiamo ai diritti sociali delle classi proletarie: «D'ora innanzi il popolo italiano deve essere arbitro dei suoi destini e il lavoro deve essere redento dalla speculazione e dalla miseria». Poi chiude evocando il monumento a Dante che sorge a Trento e i famosi versi della *Divina Commedia* che descrivono l'Italia come «serva» e «nave sanza nocchiere in gran tempesta». Ora invece, sottolinea il futuro Duce, la patria è diventata «padrona di se stessa e del suo avvenire», come un'imbarcazione che «veleggia serena e sicura» perché al timone c'è «tutto il popolo».

Il discorso termina tra le acclamazioni del pubblico. Molti si avvicinano all'oratore per baciarlo e abbracciarlo. Ma la giornata non è ancora finita. Nel corteo sono presenti su un camion anche gli arditi, militari appartenenti ai reparti d'assalto creati nel 1917 per svolgere le missioni più difficili contro le postazioni nemiche. Sono soldati valorosi, dotati di un particolare addestramento, ma anche teste calde animate da un nazionalismo esasperato e insofferenti verso l'autorità costituita. Mussolini sale sul loro veicolo che si dirige verso il Caffè della Borsa. Qui si tiene un brindisi al canto di *Giovinezza*, canzone goliardica che è stata rivista e fatta propria dagli arditi: in seguito, con le parole ulteriormente cambiate, diventerà l'inno ufficiale del Partito nazionale fascista e poi il secondo inno, assieme alla *Marcia reale*, dell'Italia intera.

Il futuro dittatore si rivolge all'uditorio con parole quanto mai significative, che per molti versi anticipano il fenomeno squadrista: «Arditi! Commilitoni! Io vi ho difeso quando il vigliacco filisteo vi diffamava. Sento qualche cosa di me in voi e forse voi vi riconoscete in me. Rappresentate la mirabile giovinezza guerriera dell'Italia. Il balenio dei vostri pugnali e lo scrosciare delle vostre bombe farà giustizia di tutti i miserabili che vorrebbero impedire il cammino della più grande Italia. Essa è vostra. Voi la difenderete. La difenderemo insieme!».

23 marzo 1919
Il battesimo dei Fasci

Non hanno risposto in molti all'appello di Benito Mussolini. Sono meno di duecento i partecipanti all'adunata indetta a Milano dal suo giornale «Il Popolo d'Italia» per il 23 marzo 1919, data che passerà alla storia per la fondazione dei Fasci di combattimento. In un primo tempo l'incontro era stato convocato al teatro Dal Verme, poi le scarse adesioni dal resto d'Italia hanno indotto gli organizzatori a ripiegare sulla più raccolta sala dell'Alleanza industriale e commerciale che si trova in piazza San Sepolcro. L'ha messa a disposizione l'imprenditore Cesare Goldmann, ebreo e massone: paradossalmente, due categorie di persone che subiranno in seguito le persecuzioni del fascismo.

Parecchi tra i presenti sono ex sindacalisti rivoluzionari che si sono uniti a Mussolini in nome della scelta interventista: Cesare Rossi, Michele Bianchi,

Luigi Razza (gli ultimi due diventeranno ministri). Poi ci sono gli arditi, gli appartenenti al corpo scelto delle truppe d'assalto smobilitati dopo la fine della guerra, che stentano a riabituarsi alla vita civile e hanno creato un'associazione di forte indirizzo nazionalista: la riunione è presieduta da uno di loro, il capitano Ferruccio Vecchi, alto, pallido, con gli occhi spiritati. Un'altra componente di rilievo è costituita dai futuristi, corrente culturale che ha sempre esaltato la guerra come «sola igiene del mondo»: li guida in piazza San Sepolcro il loro esponente più noto e carismatico, il poeta Filippo Tommaso Marinetti.

Mussolini sta vivendo un momento problematico. Dopo la fine vittoriosa della Prima guerra mondiale, l'interventismo sembra aver perduto la sua ragion d'essere, tanto più che il Paese è stremato, fatica a riprendersi, e le masse sono affascinate dal mito della rivoluzione bolscevica, agitato dai socialisti. Il futuro dittatore si mostra in sintonia con le rivendicazioni dei lavoratori, soprattutto gli ex combattenti, ma il suo scopo principale è tenere aperta la frattura tra chi ha voluto la guerra e chi si è opposto, bollando i suoi ex compagni del Psi come «antinazionali», nemici dell'Italia.

Nel suo intervento introduttivo del 23 marzo a piazza San Sepolcro Mussolini legge tre dichiarazioni: una è di appoggio alle richieste degli ex combattenti; la seconda reclama la massima espansione territoriale possibile, con l'annessione all'Italia di Fiume e della Dalmazia; ma la più importante è la terza, che impegna i fascisti «a sabotare con tutti i mezzi le candidature dei neutralisti di tutti i partiti». Chi è stato contrario alla guerra, in primo luogo i socialisti, non ha il diritto di partecipare alla vita pubblica. E l'espressione «con tutti i mezzi» contempla neanche troppo velatamente l'uso della violenza.

La platea a cui si rivolge Mussolini ha le idee piuttosto confuse, mischia il nazionalismo oltranzista alle velleità sovversive. Il direttore del «Popolo d'Italia» ascolta gli interventi del dibattito e, nel suo secondo discorso, dichiara che i fascisti si collocano su un terreno rivoluzionario, ma boccia senza appello l'esperimento bolscevico che, sostiene, «ha rovinato la vita economica della Russia». A suo avviso si tratta di «scindere il Partito socialista ufficiale dal proletariato», di soddisfare i bisogni delle masse staccandole dall'estremismo massimalista e internazionalista del Psi. Parla apertamente, a tal proposito, di «democrazia economica».

Sul piano politico Mussolini non pone limiti alle sue ambizioni, convinto che la vecchia classe dirigente liberale abbia i giorni contati: «Se il regime sarà superato», tuona, «saremo noi che dovremo occupare il suo posto». Per il momento chiede la rappresentanza proporzionale (all'epoca vigeva un sistema elettorale maggioritario uninominale), il voto alle donne e l'abolizione del Senato («quell'organismo feudale»), i cui membri sono nominati dal re. Poi un'assemblea nazionale, prosegue, dovrà scegliere la forma istituzionale dello Stato, e i fascisti sin da ora si pronunciano per la fine della monarchia e il passaggio alla repubblica.

Questa impostazione viene trasfusa nel programma dei Fasci, pubblicato dal «Popolo d'Italia» il 6 giugno 1919. Il testo parla ovviamente di «valorizzazione della guerra rivoluzionaria», ma chiede nel contempo «la giornata legale di otto ore di lavoro», i «minimi di paga», «la partecipazione dei rappresentanti dei lavoratori al funzionamento tecnico dell'industria». Netta è l'impronta antiplutocratica del manifesto fascista, che propone «la nazionalizzazione di tutte le fabbriche di armi e di esplosivi» e una «forte imposta straordinaria sul capitale a carattere progressivo». Non manca una nota anticlericale, là dove si reclama «il sequestro di tutti i beni delle congregazioni religiose».

Gli elettori però non si fanno incantare. Alle elezioni del 16 novembre 1919 i Fasci si presentano per conto proprio soltanto a Milano e ottengono poche migliaia di voti. Benché sia stato introdotto il sistema proporzionale, Mussolini resta escluso dalla Camera. Ma i suoi seguaci hanno fatto parlare di sé per altri motivi. Il 15 aprile 1919, tre settimane dopo l'adunata di piazza San Sepolcro, una torma di fascisti guidata da Vecchi e Marinetti ha assalito e incendiato a Milano la sede dell'«Avanti!», quotidiano del Psi: il bilancio degli scontri è di quattro morti, tra i quali una donna, Teresa Galli. E il 13 novembre, al teatro Gaffurio di Lodi, i fascisti hanno sparato sui militanti socialisti che cercavano di disturbare un loro comizio, uccidendone tre. Sono le prime avvisaglie dell'offensiva squadrista.

Nei mesi successivi Mussolini virerà a destra per intercettare il consenso del ceto medio. E alcuni partecipanti all'adunata di San Sepolcro, legati alla primitiva linea di sinistra, si distaccheranno da lui. Uno di loro, Piero Jacchia, morirà in Spagna nel 1937 combattendo contro le truppe di Francisco Franco appoggiate dall'Italia fascista. Un altro, Alfonso Vajana, parteciperà alla Resistenza.

2 dicembre 1920

Sgambetto a D'Annunzio

C'è agitazione nel Fascio milanese. Molti non hanno gradito la posizione assunta da Benito Mussolini, leader indiscusso del movimento, sulla questione di Fiume. E nella serata del 2 dicembre 1920 è stata convocata un'assemblea degli iscritti che non si preannuncia facile. L'incontro si svolge nella stessa sala di piazza San Sepolcro dove il fascismo ha emesso i primi vagiti l'anno precedente: all'ordine del giorno c'è il trattato firmato il 12 novembre a Rapallo, in Liguria, dal primo ministro italiano Giovanni Giolitti e da Milenko Vesnić, suo omologo del neonato Regno dei Serbi, Croati e Sloveni (la futura Jugoslavia). L'accordo definisce i confini tra i due Paesi: all'Italia vanno tutta l'Istria e il distretto di Zara, agli slavi il resto della Dalmazia. Quanto a Fiume, si è stabilito che divenga un piccolo Stato indipendente e autogovernato.

Il fatto è che Fiume, dal 12 settembre 1919, è occupata dai legionari di Gabriele D'Annunzio, che se ne sono impadroniti con un colpo di mano e reclamano l'annessione della città all'Italia. Il poeta ha rifiutato il trattato di Rapallo, che non soddisfa le sue pretese, mentre Mussolini, sul «Popolo d'Italia», lo ha giudicato accettabile per quanto riguarda Fiume. Insomma, dopo aver sostenuto a spada tratta l'impresa dannunziana, dopo essersi personalmente recato nella città adriatica il 7 ottobre 1919, per portare la sua piena solidarietà ai legionari e al loro comandante, ora il capo del fascismo si mostra propenso al compromesso.

Mussolini, il cui movimento ha subito una sconfitta clamorosa alle elezioni politiche del 16 novembre 1919, è riuscito a rilanciarsi nel corso del 1920 spostandosi a destra, con una particolare attenzione nei riguardi del ceto medio. Nel Nord Italia i fascisti stanno prendendo la testa della reazione borghese contro il «pericolo rosso». A Trieste hanno incendiato la Casa del popolo slava; a Bologna hanno assaltato il municipio a guida socialista, causando una strage. Nell'ambito dello schieramento nazionalista D'Annunzio costituisce per Mussolini uno scomodo rivale, del quale desidera disfarsi, senza contare che un'apertura di credito al liberale Giolitti, per lungo tempo dominatore del sistema politico italiano, può rivelarsi proficua.

Insomma, il futuro dittatore ha fatto i suoi conti. E ha concluso che gli conviene accettare, con le dovute riserve, il trattato di Rapallo. Ai suoi seguaci Mussolini spiega dunque che non si tratta di una sistemazione definitiva, ma di un accomodamento provvisorio da ingoiare per ragioni di forza maggiore: «Mai come in questi giorni», dichiara, «l'anima nostra è stata tormentata fra i suggerimenti del sentimento e gli imperativi della realtà». Definisce «sovrumana» la parola di D'Annunzio, ostenta «completa e illimitata» solidarietà ai legionari che occupano Fiume, ma sottolinea che lo stesso poeta arretra di fronte alla prospettiva di uno scontro fratricida con le forze armate italiane. Bolla Giolitti come «una pessima figura politica», ma elogia il ministro della Guerra Ivanoe Bonomi (politico che lui ha fatto espellere dal Psi nel 1912), perché «interventista fervido e volontario di guerra».

I fascisti, proclama ancora il loro capo, non rinunciano alla Dalmazia, sono convinti che occorrerà prima o poi risfoderare la spada per regolare i conti con gli slavi, nemici atavici con i quali esiste un conflitto «insanabile». Ma al momento si rendono conto che non si può ottenere di più, anche se sono pronti «a insorgere come un solo uomo contro il governo», se esso dovesse «armare l'esercito regolare contro i legionari». In realtà questa minaccia serve solo a calmare i bollenti spiriti dell'uditorio. Quando effettivamente le forze italiane bombarderanno Fiume e costringeranno D'Annunzio alla resa negli ultimi giorni del 1920, in quello che verrà chiamato «Natale di sangue», Mussolini alzerà forti strepiti, accuserà il governo di essersi comportato in maniera «antinazionale e antiumana», ma di fatto i suoi adepti si guarderanno bene dall'entrare in azione contro le autorità.

Il vero bersaglio dei fascisti sono le organizzazioni del movimento operaio, che vengono prese di mira con estrema violenza. La crescita dello squadrismo, appoggiato e finanziato dai proprietari terrieri per colpire le leghe bracciantili, permette a Mussolini di superare senza troppi problemi la riunione del Comitato centrale dei Fasci l'8 gennaio 1921, nel corso della quale alcuni lamentano l'inerzia del movimento rispetto alle vicende di Fiume. Quando poi Giolitti provoca lo scioglimento della Camera, nella speranza che dalle urne esca una maggioranza parlamentare più salda di quella, piuttosto labile, che sostiene il suo governo, Mussolini può passare all'incasso: il leader liberale accetta infatti di ospitare i candidati fascisti nelle liste da lui promosse, i Blocchi nazionali, che per giunta si presentano con un simbolo che unisce alla stella, emblema monarchico, il fascio littorio delle camicie nere.

La campagna elettorale si svolge all'insegna del terrore sparso dagli squadristi in tutte le zone in cui sono presenti, soprattutto nella valle del Po e in Toscana, ma anche nel Tavoliere delle Puglie. Le Camere del lavoro, le sedi del Partito socialista e di quello comunista, che si è staccato dal Psi il 21 gennaio 1921 al Congresso di Livorno, vengono prese sistematicamente d'assalto dai fascisti, che uccidono un gran numero di avversari politici. Il verdetto delle urne è positivo, ma non certo trionfale per il movimento di Mussolini, che ottiene 37 deputati su 105 dei Blocchi nazionali e 535 dell'intera Camera. Tra gli eletti, oltre al direttore del «Popolo d'Italia», ci sono molti futuri gerarchi: Giuseppe Bottai, Alberto de' Stefani, Cesare Maria De Vecchi, Roberto Farinacci, Francesco Giunta, Dino Grandi. Alcuni di loro sono troppo giovani per far parte dell'assemblea di Montecitorio (all'epoca bisognava avere almeno trent'anni) e la loro elezione sarà annullata. Ma poco importa, perché il fascismo è senza alcun dubbio la forza emergente del sistema politico italiano, con cui tutti dovranno fare i conti.

3 agosto 1921

La pacificazione abortita

La cerimonia è officiata dal liberale napoletano Enrico De Nicola, il futuro primo capo dello Stato che 26 anni dopo siglerà la Costituzione repubblicana. Ma è il 3 agosto 1921, in Italia regna Vittorio Emanuele III. E De Nicola, figura già molto autorevole, è presidente della Camera. Con il primo ministro Ivanoe Bonomi, che a sua volta sarà presidente del Consiglio dell'Italia liberata tra il 1944 e il 1945, ha lavorato al progetto di un accordo tra i partiti estremi per far cessare l'ondata di violenze che sconvolge il Paese. E oggi il loro impegno raccoglie frutti importanti. Nell'ufficio del gabinetto di De Nicola i rappresentanti del fascismo, del socialismo e della Confederazione generale del lavoro (Cgl, il sindacato riformista) si apprestano a concludere un patto di pacificazione.

Non ci sono i comunisti, che rifiutano ogni ipotesi di armistizio con i nemici della classe operaia. La delegazione delle camicie nere è guidata ovviamente da Benito Mussolini. Con lui ci sono Cesare Maria De Vecchi (futuro quadrumviro della marcia su Roma), Giovanni Giuriati (futuro segretario del Partito fascista), Cesare Rossi, Umberto Pasella, Gaetano Polverelli, Nicola Sansanelli. Per la direzione del Psi partecipano Giovanni Bacci ed Emilio Zannerini, per il gruppo parlamentare socialista Elia Musatti e Oddino Morgari, per la Cgl Gino Baldesi, Alessandro Galli ed Ernesto Caporali.

Mediante il patto, i convenuti «si impegnano a fare immediata opera perché minacce, vie di fatto, rappresaglie, punizioni, vendette, pressioni e violenze personali di qualsiasi genere abbiano subito a cessare». Si prevede inoltre che insegne e simboli siano rispettati, che le organizzazioni economiche legate ai partiti e ai sindacati non siano toccate, che ogni violazione dell'accordo sia sconfessata. I socialisti dichiarano di essere estranei agli Arditi del popolo, organizzazione armata antifascista sorta poche settimane prima. A giudicare le violazioni della tregua, recita l'intesa, provvederanno appositi arbitri e saranno reintegrati i titolari di cariche pubbliche, per esempio i sindaci, obbligati in precedenza a dimettersi con la forza. Si stabilisce anche la restituzione degli oggetti di valore saccheggiati nel corso delle incursioni compiute con la violenza.

Mussolini già da alcune settimane tiene un atteggiamento conciliante. Nel suo primo discorso alla Camera, il 21 giugno 1921, ha dichiarato che i fascisti sono «disposti a disarmare», purché altrettanto facciano i loro avversari. Il futuro dittatore capisce che il Paese è stanco di violenze, teme che ai suoi squadristi venga meno l'appoggio dell'opinione pubblica borghese moderata, ora che il pericolo bolscevico è stato stroncato. Ma soprattutto vuole dimostrare di avere il pieno controllo di un movimento cresciuto in maniera selvaggia sotto la guida di capi locali, i cosiddetti «ras», che agiscono in autonomia rispetto alla centrale milanese. Il suo scopo, ora che è entrato alla Camera, è inserirsi nei giochi parlamentari, trasformando i Fasci in un partito. Nel suo discorso del 21 giugno ha mostrato grande attenzione per il Partito popolare, d'ispirazione cattolica, e per lo stesso Vaticano.

Nelle province però queste aperture sono state accolte male. Quando «Il Popolo d'Italia» ha annunciato l'inizio delle trattative per la pacificazione, dall'Emilia, dalla Toscana e dal Polesine sono giunti segnali negativi. Al Consiglio nazionale dei Fasci, riunito il 12 e il 13 luglio 1921, Mussolini ha dovuto sudare le proverbiali sette camicie per convincere i dirigenti locali a votare unanimemente un ordine del giorno piuttosto ambiguo, che opera una distinzione tra le organizzazioni operaie, con cui trattare è lecito, e i «partiti nemici e ostili», da tenere a distanza. Ma le perplessità della base non sono venute meno e in una successiva agitatissima riunione la tesi favorevole alla prosecuzione del negoziato è passata a maggioranza, con molti contrari. Poi il 21 luglio le forze dell'ordine hanno sparato sui fascisti giunti a Sarzana (La Spezia) per liberare alcuni camerati detenuti, e nei susseguenti scontri sedici camicie nere hanno perso la vita. Un segnale di fermezza da parte dello Stato che ha rafforzato il futuro dittatore nei propositi distensivi, ma ha inferocito i suoi seguaci e moltiplicato le violenze: il 24 luglio a Roccastrada (Grosseto) gli squadristi hanno ucciso dieci persone.

Il giorno stesso della firma del patto, Mussolini pubblica sul «Popolo d'Italia» un articolo in cui definisce l'intesa «un avvenimento storico» e ricorda il proverbio «chi non usa le verghe odia suo figlio». Se il fascismo, che è «mio figlio», si opporrà al patto, aggiunge, «io, con le verghe della mia fede, del mio coraggio, della mia passione, o lo correggerò o gli renderò impossibile la vita». Ma gli squadristi insorgono un po' dovunque, convocano a Bologna il 16 agosto un'affollata riunione in cui sconfessano l'accordo. Particolarmente duro nella polemica contro l'intesa è Dino Grandi, leader dei dissenzienti emiliani, che non esita a contraddire apertamente il capo. Si tratta senza dubbio di uno dei dirigenti più capaci sotto il profilo politico: sarà lui nel luglio 1943 a presentare l'ordine del giorno che determinerà la caduta del regime, ma adesso si colloca su posizioni oltranziste.

A questo punto Mussolini annuncia, il 18 agosto 1921, le sue dimissioni dagli organi direttivi del movimento, suscitando nella base un enorme sconcerto.

Per quanto forte sia l'avversione per il patto, i ribelli si rendono conto che la figura eminente del capo non può essere sostituita. Dal canto suo, il direttore del «Popolo d'Italia» sposta abilmente la questione, sostenendo che occorre trasformare il fascismo in un partito organizzato. E il Consiglio nazionale, riunito a Firenze il 26 e il 27 agosto, respinge le sue dimissioni, accettando però quelle del vicesegretario dei Fasci, Cesare Rossi, ritenuto il maggior sostenitore del patto di pacificazione.

La crisi si conclude al Congresso del movimento che si tiene a Roma dal 7 al 10 novembre 1921. Mussolini e Grandi restano sulle loro posizioni, ma si abbracciano pubblicamente, nel tripudio dell'uditorio. Al termine dei lavori viene sancita la nascita del Partito nazionale fascista, con una struttura più organica che permetterà di disciplinare le squadre d'azione. E il 15 novembre Mussolini denuncia con un pretesto il patto di pacificazione, del resto mai applicato. La sua ascesa al potere non avverrà per la via parlamentare, ma sfruttando la minaccia insurrezionale di quello che è a tutti gli effetti un partito armato.

30 ottobre 1922

Alla guida dell'Italia

Il 30 ottobre 1922, alle 11 del mattino, arriva al Quirinale dal re Vittorio Emanuele III, per ricevere l'incarico di formare il nuovo governo, un leader molto diverso dai suoi predecessori liberali. Ha solo 39 anni, è di estrazione popolare, indossa sotto la giacca una camicia nera. Ma soprattutto è anomalo il modo in cui Benito Mussolini è giunto a questo traguardo, facendo pesare non la rappresentanza parlamentare (dispone di soli 35 deputati su 535), bensì la minaccia dei fascisti armati raccolti intorno a Roma con l'intenzione di occupare la città.

A partire dall'autunno del 1920 gli squadristi hanno seminato il terrore, prendendo di mira le strutture del movimento socialista e le amministrazioni locali rosse. Particolarmente violenta, con un gran numero di omicidi, è stata la campagna per le elezioni politiche del 15 maggio 1921, che hanno visto le camicie nere presentarsi nei Blocchi nazionali promossi dall'anziano leader liberale Giovanni Giolitti. Nell'autunno del 1921 è nato il Partito nazionale fascista (Pnf), che nel giro di un anno, secondo le stime dello storico Emilio Gentile, ha raggiunto i 250 mila iscritti.

Il 24 ottobre 1922 a Napoli si è svolto un grande raduno del Pnf, nel corso del quale Mussolini ha rivendicato la guida della nazione. In situazioni come queste, ha proclamato, «è la forza che all'ultimo decide». Sono cominciati così i preparativi per un colpo di mano sulla capitale, la marcia su Roma. A dirigerla sono stati chiamati i cosiddetti quadrumviri: Italo Balbo, il principale capo squadrista; Michele Bianchi, segretario del Pnf; Cesare Maria De Vecchi, ben ammanicato negli ambienti di corte; Emilio De Bono, un generale a riposo, come garante presso i militari.

La mobilitazione dei fascisti è cominciata il 27 ottobre. Hanno occupato prefetture, caserme, stazioni ferroviarie, uffici del telegrafo. E nella notte hanno preso a concentrarsi intorno a Roma. Mussolini nel frattempo ostentava una calma olimpica: a Milano in serata si è fatto vedere a teatro, dove andava in scena *Il cigno* del drammaturgo ungherese Ferenc Molnár. I maligni dicono che sia rimasto nella città lombarda per poter più facilmente raggiungere la Svizzera, in caso di fallimento della prova di forza.

Nelle prime ore del 28 ottobre il debole governo guidato da Luigi Facta ha approvato lo stato d'assedio per affidare ai militari il compito di ristabilire l'ordine. Ma il re Vittorio Emanuele III ha rifiutato di firmare il relativo decreto, per timore di arrivare allo scontro aperto. E Mussolini si è ritrovato il coltello dalla parte del manico. Appunto il 28 ottobre, sotto il regime, sarà celebrato come anniversario della marcia su Roma, anche se quel giorno gli squadristi restano ancora in attesa attorno alla capitale, infreddoliti e fradici per la pioggia. L'indomani Mussolini ha rifiutato l'ipotesi di entrare in un esecutivo diretto dall'esponente liberale di destra Antonio Salandra, quindi il re lo ha convocato a Roma per affidargli l'incarico.

Partito in vagone letto da Milano, il futuro dittatore è giunto a Roma la mattina del 30 ottobre dopo due cambi di treno, in quanto le linee ferroviarie sono state interrotte dai militari per bloccare l'avanzata dei fascisti. Il colloquio al Quirinale con il sovrano dura più di un'ora. Del contenuto non si sa nulla, trapelano soltanto le parole iniziali rivolte da Mussolini al re: «Chiedo perdono a Vostra Maestà se sono costretto a presentarmi ancora in camicia nera, reduce dalla battaglia, fortunatamente incruenta, che si è dovuta impegnare. Porto a Vostra Maestà l'Italia di Vittorio Veneto, riconsacrata dalla vittoria, e sono il fedele servo di Vostra Maestà». Ottenuto il suo scopo, il capo del fascismo ha tutto l'interesse a mostrarsi ossequioso verso chi gli ha dato via libera.

Intorno alle 12.15 Mussolini lascia il Quirinale e si trasferisce all'Hotel Savoia, dove ha preso alloggio. Qui riceve le personalità alle quali ha intenzione di affidare i ministeri. Le cronache lo descrivono «raggiante». Nel pomeriggio, mentre le camicie nere invadono la capitale provocando sanguinosi scontri con i militanti di sinistra nei quartieri popolari, arrivano all'albergo il generale Armando Diaz, il trionfatore di Vittorio Veneto, e l'ammiraglio Paolo Thaon di Revel. Saranno i ministri della Guerra e della Marina. Mussolini si affaccia con loro al balcone dinanzi a una folla osannante: «Gridate evviva», esclama, «agli artefici della vittoria. Essi hanno accettato di collaborare con me per dare alla nazione un governo che sia degno di essa».

Alle 19.20 il nuovo capo del governo torna al Quirinale per sottoporre al re la lista dei ministri, che Vittorio Emanuele III approva. Oltre alla presidenza del Consiglio, Mussolini tiene per sé i dicasteri cruciali dell'Interno e degli Esteri. Tre sono i ministri fascisti: alla Giustizia Aldo Oviglio, pronto a varare una provvidenziale amnistia per le malefatte degli squadristi; alle Finanze Alberto de' Stefani, economista gradito agli ambienti imprenditoriali; alle Terre liberate (quelle annesse in seguito alla guerra) Giovanni Giuriati, ben deciso a usare il pugno di ferro nei confronti delle minoranze tedesche e slave. Inoltre alle Colonie va Luigi Federzoni, dirigente di quel movimento nazionalista che nel giro di pochi mesi confluirà nel Pnf.

Un nome di indiscusso prestigio è quello del filosofo idealista Giovanni Gentile, che accetta l'invito ad assumere la responsabilità della Pubblica istruzione dopo aver ricevuto piena assicurazione dell'autonomia di cui godrà nel compito di riformare la scuola. Per il momento entra al governo come indipendente, ma finirà per schierarsi apertamente al fianco di Mussolini, tanto da scrivere nel 1925 il *Manifesto degli intellettuali fascisti.*

Per quanto il governo sia formalmente di coalizione, al suo interno i rapporti di forza sono nettamente sbilanciati. Al Partito popolare (Ppi), d'ispirazione cattolica, che ha il triplo dei deputati rispetto al Pnf (108 contro 35), vanno solo due dicasteri: il Lavoro a Stefano Cavazzoni e il Tesoro a Vincenzo Tangorra. Quest'ultimo peraltro morirà in dicembre e l'*interim* del ministero sarà assunto dal fascista de' Stefani. Anche ai liberali e ai democratici vanno le briciole.

D'altronde Mussolini non ha alcun riguardo per gli equilibri esistenti in un Parlamento che disprezza, come dimostrano le parole arroganti da lui pronunciate il 16 novembre 1922, nel famoso «discorso del bivacco», quando il governo si presenta alla Camera per la fiducia: «Potevo fare di quest'aula sorda e grigia un bivacco di manipoli. Potevo sprangare il Parlamento e costituire un governo esclusivamente di fascisti. Potevo: ma non ho, almeno in questo primo momento, voluto». Non è solo una minaccia, è un programma politico.

15 luglio 1923

Una legge grimaldello

La prova è decisiva. Nel pomeriggio del 15 luglio 1923, a Montecitorio, Benito Mussolini è chiamato a rimuovere uno degli ostacoli più grossi che gli si parano di fronte. È presidente del Consiglio da otto mesi e mezzo, ma il suo è ancora un governo di coalizione, sia pure a preponderanza fascista. E soprattutto deve fare i conti con un Parlamento in cui i suoi seguaci sono una piccola minoranza: solo il voto dei liberali, dei democratici e dei popolari gli permette di avere la fiducia. Non va bene: il leader romagnolo intende disfarsi al più presto della Camera eletta nel 1921, ma prima ha bisogno di una nuova legge elettorale che gli assicuri una maggioranza stabile.

A tal fine il sottosegretario alla presidenza del Consiglio Giacomo Acerbo è stato incaricato di preparare una riforma pensata apposta per garantire il predominio dei fascisti. Essa prevede che alla lista uscita vittoriosa dalle urne con la maggioranza relativa siano assegnati due terzi dei seggi, purché raggiunga la soglia del 25 per cento dei voti. Una distorsione clamorosa, un grimaldello progettato per consegnare il Parlamento nelle mani del governo. Il problema però è far approvare questa normativa capestro, detta «legge Acerbo» dal nome di chi l'ha elaborata, all'assemblea di Montecitorio. Si tratta soprattutto di convincere il Partito popolare (Ppi) del sacerdote don Luigi Sturzo: una forza d'ispirazione cattolica che sin dalla sua nascita, nel 1919, è convinta fautrice del sistema elettorale proporzionale.

Mussolini ha posto le basi per vincere la partita giocando su due fronti. Da una parte, le camicie nere hanno preso di mira con la consueta brutalità le sedi delle associazioni cattoliche, mandando un forte segnale intimidatorio. Dall'altra, il capo del governo ha stabilito un canale di dialogo riservato con la Santa Sede, tramite il gesuita Pietro Tacchi Venturi, manifestando disponibilità verso le esigenze della Chiesa. E così il Vaticano si è fatto sentire presso Sturzo: con una lettera del 5 luglio il segretario di Stato, cardinale Pietro Gasparri, gli ha fatto sapere che papa Pio XI ritiene del tutto inopportuna la permanenza di un sacerdote «alla direzione di un partito». E il 10 luglio 1923 Sturzo, prete tenuto all'obbedienza verso la gerarchia ecclesiastica, si è dimesso dalla segreteria del Ppi.

Cinque giorni dopo il disegno di legge Acerbo, approvato in commissione con il voto contrario dei due deputati popolari Alcide De Gasperi e Giuseppe

Micheli, va in discussione nell'aula della Camera. Prima d'intervenire, Mussolini ascolta alcuni discorsi dei parlamentari. Per i socialisti unitari, riformisti, parla la voce più autorevole, Filippo Turati, che denuncia il clima d'intimidazione creato dal governo e si rivolge al gruppo del Ppi, che ora a suo avviso deve dimostrare se «rappresenta veramente una grande corrente ideologica, ovvero soltanto una pedina nel gioco parlamentare». I popolari sono divisi, per la presenza di una corrente di destra che guarda con simpatia al fascismo. A nome del Ppi interviene Mario Cingolani, che rilancia invano una proposta di mediazione già avanzata in commissione da De Gasperi: ridurre al 60 per cento dei seggi il premio di maggioranza e alzare al 40 per cento dei voti la soglia necessaria per ottenerlo.

Tocca a Mussolini. Il capo del governo rivendica il carattere rivoluzionario degli eventi che lo hanno portato al vertice e la sua «ferma volontà di mantenere il potere», ma al tempo stesso respinge l'accusa di avere intenti liberticidi. Anzi presenta il fascismo come una forza «elezionista», sempre pronta a misurarsi nella prova delle urne. Non certo un «fenomeno transitorio», come qualcuno s'illudeva che fosse, ma un grande partito di massa la cui vena attivistica si va spontaneamente stemperando a contatto con i problemi concreti che presenta la gestione della cosa pubblica a tutti i livelli.

Quindi il presidente del Consiglio passa a un'apertura di credito nei riguardi dei sindacati: «Io sarei felice domani di avere nel mio governo i rappresentanti diretti delle masse operaie organizzate». Capireste allora, prosegue Mussolini, quanto è difficile guidare un Paese per la complessità dei problemi che bisogna fronteggiare.

Infine la legge Acerbo. Pur riconoscendo che l'impianto della riforma possa presentare difetti, il capo del governo la dipinge come fondata su princìpi «ultra democratici» e ne difende il carattere spersonalizzante, dovuto al collegio unico nazionale, che a suo avviso finirà per attenuare le asprezze della contesa elettorale. A questo punto, continua, i popolari «devono decidersi». Non possono pretendere, afferma Mussolini, di porre condizioni al governo: «O gli date la fiducia o gliela negate». Si tratta di venire incontro a una richiesta di stabilità che sale dal basso, conclude, perché «questo è il momento in cui Parlamento e Paese possono riconciliarsi».

Il discorso ottiene il risultato sperato: i deputati del Ppi si spaccano e il governo ottiene prima la fiducia, con 303 voti a favore e 140 contro, poi il passaggio all'esame degli articoli della legge Acerbo, con 235 voti favorevoli, 139 contrari e 77 astenuti. Per Mussolini è un ottimo risultato, il viatico ideale per un'approvazione sollecita della riforma, prima a Montecitorio, dove passa il 21 luglio, e poi, senza nessun problema, al Senato di nomina regia.

A questo punto la Camera ha i mesi contati. Viene sciolta il 25 gennaio 1924 e si va alle elezioni in una situazione nettamente sbilanciata. Da una parte c'è il «listone» governativo fascista, sicuro di ottenere il premio di maggioranza: vi entrano anche molti esponenti liberali, come gli ex primi ministri Antonio Salandra e Vittorio Emanuele Orlando, per non parlare di autorevoli figure del potere economico, quali il presidente di Confindustria Antonio Stefano Benni e il segretario generale della stessa organizzazione imprenditoriale Gino Olivetti. Dall'altra parte ci sono i partiti d'opposizione, indeboliti e divisi. Basti pensare che la sinistra marxista presenta tre liste rivali: riformisti, massimalisti e comunisti.

Se a questo si aggiungono brogli e violenze di ogni tipo, compreso l'assassinio di un capolista socialista a Reggio Emilia, Antonio Piccinini, non stupisce il successo trionfale del «listone», che si aggiudica il 60 per cento dei voti, a cui va aggiunto il 4,8 di una «lista nazionale bis». Tra fascisti e fiancheggiatori si arriva a 374 deputati su 535. Per Mussolini tutto sembra andare a gonfie vele.

12 giugno 1924
Delitto di Stato

Comincia male, per il capo del governo Benito Mussolini, la giornata del 12 giugno 1924. Alla mattina riceve a Palazzo Chigi (solo nel 1929 il Duce si trasferirà a Palazzo Venezia) la visita del capo della polizia Emilio De Bono, uno dei quadrumviri della marcia su Roma, il quale gli riferisce circa gli ultimi sviluppi del caso Matteotti. Che sono assai preoccupanti.

Noi non sappiamo esattamente fino a che punto il presidente del Consiglio fosse implicato nel rapimento e nell'omicidio del leader socialista, avvenuti nel pomeriggio del 10 giugno 1924, se abbia ordinato direttamente il delitto (come appare probabile), o se i suoi più stretti collaboratori, da cui dipendevano i sicari che hanno agito, ne abbiano interpretato la volontà in senso estensivo. C'è incertezza anche sul movente: Giacomo Matteotti era certamente un bersaglio per la sua intransigenza politica, ma lo storico

Mauro Canali, che ha studiato a fondo il caso, sostiene che stesse anche per scoperchiare uno scandalo nel quale erano coinvolti i vertici del fascismo. Non è sicuro neppure che l'agguato fosse finalizzato all'assassinio della vittima, segretario del Partito socialista unitario (Psu). Dalle mosse confuse dei rapitori capitanati da Amerigo Dumini, che danno al cadavere una sepoltura di fortuna nei dintorni di Roma, si potrebbe anche dedurre che l'uccisione di Matteotti non fosse preventivata. Una cosa però è certa: Mussolini viene subito messo a conoscenza dell'accaduto dai membri di quella banda, detta Ceka dal nome della polizia segreta sovietica, che lui stesso ha ordinato di allestire per svolgere i lavori sporchi.

Nella notte tra il 10 e l'11 giugno 1924 colui che presumibilmente ha sferrato la pugnalata letale, lo squadrista milanese Albino Volpi, ha incontrato Arturo Benedetto Fasciolo, segretario personale di Mussolini, e gli ha consegnato il passaporto di Matteotti. A sua volta Fasciolo è andato presso l'abitazione privata romana del suo capo, in via Rasella (sì, proprio quella dell'attentato partigiano di vent'anni dopo, 23 marzo 1944), lo ha messo al corrente dei fatti e gli ha consegnato il documento. Il presidente del Consiglio gli ha ordinato di distruggere il passaporto. Insomma, alcune ore dopo l'agguato mortale Mussolini sa già tutto.

Ora però la faccenda ha preso una brutta piega. De Bono gli racconta che, grazie alla testimonianza di una coppia di portieri, la polizia conosce la targa della vettura usata dai rapitori, quindi è ormai alle loro calcagna: l'automobile è stata noleggiata da Filippo Filippelli, direttore del giornale di area fascista «Corriere Italiano», e da lui gli investigatori sono risaliti ai sicari. Mussolini sente la terra mancargli sotto i piedi e ha un'esplosione di rabbia. Inveisce contro i maldestri assassini: «Bastava che avessero pisciato sulla targa. La polvere della strada, attaccandosi al numero, l'avrebbe ricoperto!».

Intanto alla Camera c'è gran fermento tra le opposizioni, pur molto deboli dopo il voto del 6 aprile 1924 che ha assegnato una comoda maggioranza assoluta ai fascisti e ai loro fiancheggiatori raccolti nel cosiddetto «listone». Matteotti era il leader dei socialisti riformisti del Psu, espulsi dal Psi massimalista nel 1922, e il 30 maggio aveva tenuto un discorso molto fermo, continuamente interrotto dagli insulti e dalle minacce dei fascisti, denunciando i brogli e le violenze che avevano inficiato l'esito elettorale. La sua scomparsa, segnalata dalla moglie Velia Titta, autorizza le peggiori supposizioni.

Mussolini capisce che non può restare in silenzio e chiede di parlare alla Camera intorno alle 19.20, facendo finta di cadere dalle nuvole. Conferma che non si sa più nulla di Matteotti e avanza «l'ipotesi di un delitto che, se compiuto, non potrebbe non suscitare lo sdegno e la commozione del governo e del Parlamento». Aggiunge di aver diramato «ordini tassativi per intensificare le ricerche». Al suo breve intervento segue la replica del deputato Enrico Gonzales, compagno di partito di Matteotti, che si dichiara insoddisfatto di quanto ha esposto il governo e sottolinea la gravità del fatto che un esponente dell'opposizione sia stato «aggredito e rapito». Quando Gonzales termina, l'aula di Montecitorio rimane in silenzio. Poi risuona un grido del repubblicano Eugenio Chiesa: «Parli il presidente del Consiglio!». Ma Mussolini rimane seduto sul banco del governo a braccia conserte, senza dare alcun segno di voler intervenire di nuovo. E Chiesa rincara la dose rivolto a lui: «Tace? Allora è complice!».

A quelle parole esplode il finimondo. Un folto drappello di deputati fascisti tra i più maneschi si scaglia contro Chiesa, che alcuni esponenti dell'opposizione cercano di proteggere dal loro assalto. Il futuro ministro Giuseppe Bottai, che pure non è tra i più estremisti dei deputati in camicia nera, rovescia la sua poltrona scagliandola nell'emiciclo. Il presidente della Camera Alfredo Rocco, futuro ministro della Giustizia, invita il parlamentare repubblicano a ritrattare la sua affermazione. Chiesa precisa che non intendeva accusare Mussolini di complicità con i rapitori di Matteotti, ma solo criticarne il silenzio. Ai fascisti non basta e il tumulto prosegue, finché i commessi di Montecitorio non riescono a placarlo. Tra i più esagitati spicca Lando Ferretti, uno sportivo che diventerà presidente del Comitato olimpico (Coni) e poi, dopo la guerra, senatore del Msi neofascista.

Mussolini esce dall'aula cupo in viso. Sa che la situazione non potrà che peggiorare, in quanto stanno emergendo i legami tra i sicari e la cerchia degli uomini a lui più vicini. In tarda serata, alle 22, si tiene regolarmente la riunione del Gran Consiglio del fascismo, un organo non ancora istituzionalizzato che il capo del governo ha creato subito dopo la marcia su Roma. Non esiste un verbale della seduta, ma è significativo che siano assenti i ministri Alberto de' Stefani (Finanze e Tesoro), Giovanni Gentile (Istruzione) e Aldo Oviglio (Giustizia), che finiranno tutti e tre per dimettersi, sia pure in tempi e per motivi diversi.

Intanto Dumini cerca di fuggire a Milano. Sale sul treno delle 23.40 alla stazione Termini, poi si accorge che sul convoglio ci sono dei poliziotti che girano per le carrozze. Scende, ma viene comunque arrestato. Ad attenderlo ci sono due generali della Milizia (Mvsn), il nuovo corpo armato dello Stato istituito da Mussolini per inquadrarvi i suoi squadristi. Dopo un colloquio con loro, il capo dei rapitori ottiene di parlare con il comandante della polizia De Bono, che arriva a Termini verso mezzanotte e lo catechizza per bene: «Neghi», gli dice, «e salverà il fascismo».

In realtà a salvare il regime incipiente saranno soprattutto gli sviluppi politici. Il giorno dopo, i partiti di opposizione decidono di non partecipare ai lavori della Camera fino a quando il governo non farà luce sulla sorte di Matteotti: è l'avvio della «secessione dell'Aventino», poi ufficializzata il 27 giugno, da cui si staccheranno presto i comunisti. Mussolini a sua volta torna a Montecitorio per riferire sul rapimento con grande sfoggio di enfasi: «Solo un mio nemico, che da lunghe notti avesse pensato a qualche cosa di diabolico, poteva effettuare questo delitto che oggi ci percuote di orrore e ci strappa grida d'indignazione». Il 16 giugno il fondatore del fascismo è ricevuto dal re Vittorio Emanuele III, che non gli pone alcun problema, anzi accoglie con soddisfazione la decisione del presidente del Consiglio di affidare il ministero dell'Interno, di cui era titolare, a Luigi Federzoni, ex nazionalista e fedelissimo dei Savoia. Poi, il 26 giugno, Mussolini ottiene a larghissima maggioranza un voto di fiducia dai senatori, che all'epoca non sono eletti dal popolo, ma nominati dal sovrano. La Corona è dalla sua parte e ciò gli permetterà di superare la crisi.

3 gennaio 1925
Il Paese vuole la calma

Un fragoroso applauso accoglie Benito Mussolini mentre fa il suo ingresso nell'aula della Camera, il 3 gennaio 1925. Ma il presidente del Consiglio, riferisce il «Corriere della Sera» nella sua cronaca, «appare piuttosto scuro e accigliato in volto». In effetti ha attraversato mesi difficili, in cui il suo stesso potere è stato messo in discussione per via della crisi provocata dal delitto Matteotti.

Il leader socialista, come abbiamo visto, è stato rapito e assassinato il 10 giugno 1924. E gli inquirenti non solo hanno catturato in breve tempo quasi tutti gli esecutori del crimine, compreso il loro capo Amerigo Dumini, ma hanno individuato mandanti vicinissimi a Mussolini: Cesare Rossi, suo capo ufficio stampa; Giovanni Marinelli, amministratore del Partito nazionale fascista; Aldo Finzi, sottosegretario all'Interno (quest'ultimo, divenuto antifascista, morirà trucidato dai nazisti alle Fosse Ardeatine nel 1944).

L'aula di Montecitorio è tuttavia un uditorio fidato per il capo del governo. Alle elezioni politiche del 6 aprile 1924, anche per via delle irregolarità e delle violenze denunciate da Giacomo Matteotti, il cosiddetto «listone», composto da fascisti e fiancheggiatori, ha ottenuto una maggioranza schiacciante. Per giunta le opposizioni – i democratici di Giovanni Amendola, i popolari di Alcide De Gasperi, i socialisti di vario orientamento – hanno attuato la «secessione dell'Aventino», cioè si sono ritirate dai lavori della Camera nell'attesa (vana) di una mossa risolutiva del re Vittorio Emanuele III. Quindi il 3 gennaio 1925 in aula ci sono solo fascisti o filofascisti, a parte i comunisti, che hanno lasciato l'Aventino, e uno sparuto gruppo di liberali che fanno capo a Giovanni Giolitti e Vittorio Emanuele Orlando.

La crisi è giunta al culmine il 27 dicembre 1924, quando il quotidiano «Il Mondo», vicino ad Amendola, ha pubblicato un memoriale di autodifesa nel quale Cesare Rossi accusava Mussolini di avere promosso la creazione della cosiddetta Ceka (dal nome della polizia segreta bolscevica): il gruppo dei sicari capitanati da Dumini che hanno aggredito diversi avversari del fascismo e da ultimo hanno ucciso Matteotti. Poco dopo, il 31 dicembre, un gruppo di 33 consoli della Milizia, il corpo armato nel quale sono stati assorbiti gli squadristi neri, si è fatto ricevere da Mussolini. Guidati da Enzo Galbiati e Aldo Tarabella, i suoi fedelissimi lo hanno esortato a colpire duramente l'opposizione, minacciando sfracelli in caso contrario. «Bisogna fucilare i capi dell'Aventino!», gli hanno gridato.

Ora il presidente del Consiglio ha deciso di prendere in mano la situazione. Di fronte ai deputati Mussolini, «con voce secca e tagliente», legge l'articolo 47 dello Statuto albertino, secondo il quale la Camera può mettere sotto accusa i ministri del re. E domanda se qualcuno abbia intenzione di usare questa norma contro di lui. L'aula risponde acclamandolo.

Poi Mussolini nega di aver mai organizzato la Ceka. Essa, afferma, «non è mai esistita». Attacca quindi l'Aventino come «secessione anticostituzionale, nettamente rivoluzionaria». E se la prende con la stampa, che con una «campagna immonda e miserabile» sul caso Matteotti ha descritto il fascismo come «un'orda di barbari accampata nella nazione». Segue una rivendicazione tracotante: «Ebbene, dichiaro qui, al cospetto di questa assemblea e al cospetto di tutto il popolo italiano, che io assumo, io solo, la responsabilità politica, morale, storica di tutto quanto è avvenuto».

Adesso l'oratore appare «rosso ed eccitatissimo». Grida: «Se il fascismo non è stato che olio di ricino e manganello, e non invece una passione superba della migliore gioventù italiana, a me la colpa! Se il fascismo è stato un'associazione a delinquere, ebbene io sono il capo e il responsabile di quest'associazione a delinquere!».

Dopo aver dato soddisfazione così ai fascisti più

inquieti ed estremisti, Mussolini assume le vesti di tutore delle istituzioni. La «sedizione dell'Aventino», proclama, ha uno «sfondo repubblicano», cioè si propone di sovvertire l'ordinamento monarchico dello Stato. La Camera risponde urlando: «Viva il re!». Ma il governo, prosegue l'oratore, «è abbastanza forte per stroncare in pieno definitivamente la sedizione dell'Aventino».

Qui Mussolini gioca la sua carta migliore: si presenta come restauratore dell'ordine. Sa che la parte più consistente e meno politicizzata della società è stanca di sommovimenti. Sa che la classe dirigente teme un ritorno ai tumulti del «biennio rosso» 1919-1920. Sa di avere le spalle coperte dalla monarchia e dalla Chiesa. La sua conclusione è esplicita: «L'Italia, o signori, vuole la pace, vuole la tranquillità, vuole la calma laboriosa. Noi questa calma, questa tranquillità laboriosa gliela daremo con l'amore, se è possibile, e con la forza, se sarà necessario».

Il discorso del 3 gennaio è considerato dagli studiosi il momento di passaggio alla dittatura piena. Subito dopo, il governo si riunisce e approva una serie di provvedimenti liberticidi, per soffocare ogni voce dissenziente nel Paese. Si procede ad arresti, perquisizioni, scioglimenti di organizzazioni e circoli. Mussolini è padrone della situazione, ma la crisi lo ha segnato, tant'è vero che nel febbraio 1925 è colpito da un'ulcera che lo mette fuori combattimento per oltre un mese.

Quanto al delitto Matteotti, il procedimento viene

incanalato sui binari più favorevoli al governo, previa amnistia che libera da ogni addebito i mandanti individuati dalla magistratura. Il processo per l'omicidio del leader socialista, trasferito da Roma a Chieti, si conclude il 24 marzo 1926 con pene risibili per gli esecutori del crimine. Tra gli avvocati degli imputati c'è anche il segretario del Pnf, il fascista intransigente Roberto Farinacci, che ne approfitta per tenere un'arringa che assomiglia di più a un comizio. Mussolini non è d'accordo e costringe Farinacci alle dimissioni dalla segreteria del partito. Per il capo del governo, meno si riparla di Matteotti e meglio è.

31 ottobre 1926
Uno sparo a Bologna

Mancato per un pelo. Il colpo di pistola esploso contro di lui a Bologna il 31 ottobre 1926 buca il bavero della giubba di Benito Mussolini e la fascia dell'Ordine cavalleresco Mauriziano che il capo del governo porta al collo, ma non lo ferisce. Il presunto attentatore viene agguantato da un tenente dell'esercito, Carlo Alberto Pasolini (padre del futuro poeta e regista Pier Paolo), e un fascista, Giovanni Vallisi, gli sottrae la pistola. Ma poi sul malcapitato si avventano altre camicie nere: è un feroce linciaggio a suon di pugnalate inferte con la precisa intenzione di uccidere.

Il ragazzo ammazzato barbaramente si chiama Anteo Zamboni, ha solo 15 anni. Di certo la pistola apparteneva a suo padre Mammolo, tipografo ex anarchico, poi passato al fascismo e amico del gerarca romagnolo Leandro Arpinati. Ma le testimonianze sono discordi su molti punti. Ancora oggi non è chiaro se si sia trattato del gesto solitario di un giovane infervorato dall'idea del tirannicidio, o se dietro l'accaduto vi fosse una cospirazione contro il Duce da parte di fascisti estremisti e dissidenti, come alcuni indizi lasciano pensare: è strano che un quindicenne abbia agito di sua iniziativa ed è sospetto lo zelo con cui si è provveduto immediatamente a massacrarlo.

L'inchiesta della magistratura si occupa soltanto dell'attentato a Mussolini, non prende neppure in considerazione l'ipotesi di perseguire chi ha linciato il ragazzo, per quanto si tratti di un omicidio consumato apertamente in pubblico. A finire sotto accusa è la famiglia Zamboni, con il pretesto delle passate simpatie anarchiche di Mammolo. Quest'ultimo e Virginia Tabarroni, energica sorella della madre di Anteo, verranno condannati a trent'anni di carcere, ma poi graziati nel 1932. Lo stesso Duce mostra così di essere consapevole della loro innocuità.

Non è la prima volta che il capo del governo subisce attentati. Una prima trama è stata sventata prima di passare alla messa in atto il 4 novembre 1925. Il deputato socialista Tito Zaniboni voleva sparare con un fucile di precisione a Mussolini da una finestra dell'Hotel Dragoni, situato di fronte a Palazzo Chigi, nel momento in cui il capo del fascismo si fosse affacciato a salutare la folla in occasione dell'anniversario della vittoria nella Prima guerra mondiale. Ma tra i partecipanti al complotto c'era un informatore della polizia: l'attentatore è stato colto sul fatto e arrestato.

La fortuna ha invece aiutato Mussolini il 7 aprile 1926, quando a spararagli in Campidoglio a Roma è stata una donna squilibrata, nata in Irlanda e di nazionalità britannica, Violet Gibson. Nell'istante in cui partiva il colpo di pistola il capo del governo ha tirato indietro la testa, irrigidendosi nel saluto romano rivolto ad alcuni giovani, e il proiettile lo ha raggiunto di striscio al naso invece che in testa. Ci sono foto che lo ritraggono allora con un vistoso cerotto sul viso. Mussolini, subito dopo lo sparo, si è rivolto ai fascisti con una citazione a effetto rimasta nella memoria collettiva: «Se avanzo, seguitemi; se indietreggio, uccidetemi; se muoio, vendicatemi».

Da segnalare infine l'azione compiuta l'11 settembre 1926 da Gino Lucetti, anarchico di Carrara, che nei pressi di Porta Pia, sempre a Roma, ha gettato una bomba contro l'automobile Lancia nera su cui viaggiava Mussolini. L'ordigno è rimbalzato sul bordo di un finestrino ed è esploso a terra, ferendo alcuni passanti. E l'attentatore è stato subito catturato dagli agenti scesi dalla macchina di scorta che seguiva quella del Duce.

Nella sostanza tutti questi tentativi di eliminarlo non fanno altro che accrescere il mito di Mussolini, aggiungendovi un tocco d'invulnerabilità che impressiona le masse. Anche la stampa cattolica, tollerata dal fascismo, accoglie con giubilo il fallimento degli attentati. Lo stesso papa Pio XI nel novembre 1926 esprime in un messaggio la sua «profonda esecrazione» per quanto è avvenuto a Bologna e la sua «gioia immensa» perché il bersaglio ne è uscito illeso. Il Duce, dal canto suo, ostenta sicurezza in un messaggio ad Arpinati: «Niente può accadermi prima che il mio compito sia finito».

L'attentato di Zamboni è tuttavia più rilevante degli altri per la reazione durissima che provoca. Mussolini riprende la titolarità del ministero dell'Interno, spostando Federzoni alle Colonie. E il governo scioglie tutti i partiti tranne quello fascista, decreta un controllo rigidissimo sulla stampa, reintroduce la pena di morte, istituisce un Tribunale speciale per giudicare gli oppositori. L'8 novembre 1926 viene arrestato il leader del Partito comunista Antonio Gramsci, che pure in teoria godrebbe ancora dell'immunità parlamentare. Ma a questo punto la repressione non bada più agli aspetti formali della legalità: in Italia si è ormai instaurato un regime dittatoriale.

26 maggio 1927
Il numero è forza

C'è l'atmosfera delle grandi occasioni alla Camera. Benito Mussolini si appresta a parlare sul bilancio del ministero dell'Interno, di cui è tornato titolare dopo le dimissioni di Luigi Federzoni, ma traccerà un generale resoconto della condizione in cui si trova l'Italia sotto il suo regime. È il 26 maggio 1927 e, per via della ricorrenza nel calendario cattolico, questo intervento passerà alla storia come «discorso dell'Ascensione».

In primo luogo, il Duce si sofferma sulla situazione sanitaria: dichiara che è compito primario dello Stato salvaguardare e migliorare la salute dei cittadini – lui dice «curare la razza» – snocciolando una serie di statistiche sulle malattie più diffuse. Poi entra nel merito della questione che gli sta più a cuore: «Affermo che dato non fondamentale, ma pregiudiziale, della potenza politica e quindi economica e morale delle nazioni, è la loro potenza demografica». Mussolini è convinto che l'alta natalità sia indispensabile per i suoi progetti di espansione in Africa e nel Mediterraneo. Ha già introdotto nel dicembre 1926 la tassa sul celibato, che grava sugli uomini non sposati, e prospetta l'ipotesi di un'imposta «sui matrimoni infecondi». Vuole che l'Italia passi da quaranta a sessanta milioni di abitanti intorno al 1950 e lo preoccupa il calo del tasso di crescita della popolazione, soprattutto nelle aree urbane. È trasparente il suo monito all'assemblea: «Se si diminuisce, signori, non si fa l'impero, si diventa una colonia!».

Mussolini passa poi ad alcune considerazioni sull'azione della polizia e sulle misure adottate per stroncare ogni forma di opposizione. Tra di esse figura anche l'«ordine di far fuoco senza preavviso su chiunque sia sorpreso in procinto di valicare clandestinamente la frontiera», che ricorda in modo significativo il comportamento che terrà la Germania orientale nei confronti dei suoi cittadini intorno al Muro di Berlino. La repressione comunque è stata quanto mai blanda, argomenta il Duce, se si confronta la rivoluzione fascista, per esempio, con quella francese che praticò ampiamente il terrore. Qui si tratta invece di «igiene sociale, profilassi nazionale». Si mandano gli antifascisti al confino «come un medico toglie dalla circolazione un infetto». E poco male se gli squadristi hanno devastato «qualche biblioteca di professore». L'accenno è alla casa del filosofo Benedetto Croce, famoso anche all'estero, messa a soqquadro dai fascisti poco prima dell'alba del 1° novembre 1926, dopo l'attentato a Mussolini del giorno precedente a Bologna.

D'altronde, prosegue il Duce, l'opposizione è «superflua in un regime totalitario». Il governo incontra già abbastanza ostacoli «nelle difficoltà obiettive della vita», nei problemi che pone ogni giorno la realtà del Paese. E non c'è bisogno di ulteriori intralci. Quindi, esclama Mussolini, «in Italia non c'è posto per gli antifascisti; c'è posto solo per i fascisti e per gli afascisti quando siano dei cittadini probi ed esemplari». In sostanza siamo di fronte alla teorizzazione della dittatura come sistema politico superiore rispetto a quelli che consentono di criticare il potere.

Un altro punto rilevante del discorso concerne il rapporto tra Stato e partito. A tal proposito il Duce riafferma quanto contenuto in un'importante circolare ai prefetti emanata il 5 gennaio 1927: nelle realtà locali i segretari federali del Pnf devono essere «degli organi subordinati al capo della provincia», cioè al prefetto, dal quale devono «prendere ordini» così come li prende da me, precisa il dittatore, il leader nazionale del partito, Augusto Turati. Nello stesso momento in cui pone questo principio, Mussolini però fa l'elogio dei prefetti provenienti dai ranghi del Pnf: non gli è affatto estraneo l'intento di fascistizzare lo Stato, perché vuole dei funzionari che siano indefettibilmente fedeli al regime, quanto i politici puri e forse anche di più.

Poco più avanti, riconoscendo che il «proletariato

specificamente industriale» rimane «in gran parte ancora lontano» dal fascismo, il Duce manifesta la sua fiducia nel ricambio generazionale e nell'opera d'indottrinamento affidata alle organizzazioni dei ragazzi e dei bambini, avanguardisti e balilla, «potenti istituzioni, potenti organismi, che ci danno modo di controllare la vita della nazione dai sei ai sessant'anni, e di creare l'italiano nuovo, l'italiano fascista». Comunque, soggiunge, quello da lui instaurato è già adesso «il regime che ha il più vasto consenso di popolo che ci sia nella storia». Anche se, per la vastità dei problemi da affrontare, Mussolini dice di dover restare ancora a lungo alla guida del Paese: «Io debbo assumermi il compito di governare la nazione italiana ancora da 10 a 15 anni». Sbaglia per difetto, in quanto il suo regime, pur senza contare la tragica appendice di Salò, durerà per altri 16 anni, anche se il finale sarà ben diverso da come il Duce se lo aspettava.

Per il momento bisogna preparare le forze armate, ammonisce Mussolini, in vista di una prova suprema che, come ben si capisce, avrà un carattere bellico. «Domani», afferma il Duce, «quando tra il 1935 e il 1940 saremo nuovamente a un punto che direi cruciale della storia europea, potremo far sentire la nostra voce e vedere finalmente riconosciuti i nostri diritti». Parole che retrospettivamente appaiono quasi profetiche, poiché nel 1935 scatterà l'invasione dell'Etiopia e nel 1940 l'Italia interverrà nella Seconda guerra mondiale.

Ci si avvia alla conclusione del discorso. Mussolini

vanta la rivalutazione della lira avvenuta sotto il suo governo, per la verità non senza conseguenze negative sull'economia, e sottolinea l'importanza dell'avviata trasformazione dello Stato in senso corporativo. In realtà le Corporazioni fasciste vedranno la luce solo nel 1934, ma questa messa a punto ideologica serve al Duce soprattutto per decretare la fine del sistema parlamentare classico, bollato come un'anticaglia ottocentesca: «Oggi, 26 maggio, noi seppelliamo solennemente la menzogna del suffragio universale democratico».

Siamo in chiusura. Mussolini ribadisce con forza la sua fede statalista, con una formula già nota: «Tutto nello Stato, niente contro lo Stato, nulla al di fuori dello Stato». Si tratta, dichiara, di integrare le masse nelle istituzioni, unico modo per evitare moti destabilizzanti, perché «o voi immettete il popolo nella cittadella dello Stato, ed egli la difenderà; o sarà al di fuori, ed egli l'assalterà». Un ragionamento nel quale, sotto la scorza del dittatore autoritario, sembra riaffiorare vagamente la mentalità dell'antico agitatore sovversivo.

21 novembre 1928

Scacco al sindacato

Mussolini tiene sempre a sottolineare il suo legame con le masse popolari. Ma crede fermamente nel valore della gerarchia. E quando si tratta di scegliere tra imprenditori e lavoratori, si schiera quasi sempre dalla parte dei primi. Succede così anche il 21 novembre 1928, quando assesta un colpo durissimo al sindacato fascista e al suo leader Edmondo Rossoni. La scelta può apparire tecnica, e come tale viene presentata, ma ha un forte significato politico.

Il successivo Consiglio dei ministri del 1° dicembre, che ovviamente ratifica senza battere ciglio l'operato del Duce, annuncia che nei giorni scorsi è stato deciso «lo sbloccamento della Confederazione generale dei sindacati fascisti in sei Confederazioni generali di categoria, perfettamente distinte e autonome nel loro funzionamento». Tale provvedimento, si legge ancora, gioverà «a dare un ordinamento simmetrico alle confederazioni dei prestatori d'opera di fronte a quelle dei datori di lavoro» e «a rendere anche più spedita, più efficiente, più economica, sul piano della collaborazione, l'attività pratica delle singole Confederazioni». Quindi la misura adottata «non è un indebolimento, ma piuttosto un rafforzamento dell'azione di giusta difesa e di legittima tutela delle classi lavoratrici», che «realizzano la loro perfetta unità morale soltanto nello Stato fascista e attraverso una tipica creazione della Rivoluzione fascista: il ministero delle Corporazioni». A conferma di tutto questo, si dice infine che la nuova sistemazione «è stata accolta con favore dagli interessati, cioè dai lavoratori», dei quali si è accentuato il «movimento di adesione al regime».

In realtà tutti gli storici convengono nel ritenere che lo spezzettamento della centrale sindacale ne annullò il potere contrattuale e ridusse le rappresentanze dei lavoratori in una condizione subordinata rispetto alle controparti, oltre che allo Stato e al Partito nazionale fascista. Ma per capire come si arriva a quella svolta, che induce Rossoni ad abbandonare il sindacato e il Duce a consolarlo nel 1930 con l'ingresso nel Gran Consiglio del fascismo, bisogna fare qualche passo indietro.

Pur ostile alla lotta di classe e spietato verso le organizzazioni del movimento operaio, il fascismo proclama di voler tutelare gli interessi dei lavoratori attraverso una «terza via» corporativa tra il capitalismo liberista e il collettivismo marxista. Perciò si dà una propria struttura sindacale, le Corporazioni, che almeno inizialmente cresce soprattutto grazie alla disarticolazione violenta, mediante lo squadrismo, delle organizzazioni socialiste e cattoliche. Il sogno di Rossoni, che ne è il capo, è realizzare il «corporativismo integrale», cioè riunire sotto un unico tetto le rappresentanze dei lavoratori e degli imprenditori. Ma gli industriali ovviamente non ci stanno e ottengono di mantenere l'autonomia della propria Confederazione, riconoscendo però alle Corporazioni fasciste, con il Patto di Palazzo Vidoni del 2 ottobre 1925, il monopolio della contrattazione sindacale.

Nel 1926 la Confindustria aggiunge l'aggettivo «fascista» alla sua denominazione, mentre la legge sull'ordinamento del lavoro vieta lo sciopero, insieme alla serrata degli imprenditori, e prevede un solo sindacato riconosciuto giuridicamente e legittimato a stipulare contratti, ma per molti versi subordinato al governo, alla cui autorizzazione sono sottoposte le nomine dei suoi dirigenti. Inoltre si dispone che vengano costituite le Corporazioni come organi dell'amministrazione statale con compiti «di conciliazione, coordinamento e organizzazione della produzione». Di conseguenza le organizzazioni fasciste dei lavoratori devono cambiare nome: non più Corporazioni, ma sindacati. Nasce anche il ministero delle Corporazioni, di cui assume la titolarità Mussolini in persona: Rossoni vorrebbe diventarne il sottosegretario, carica che gli assicurerebbe una notevole influenza, ma gli industriali si oppongono e al suo posto viene nominato l'innocuo Giacomo Suardo.

Peggio ancora per il sindacato si mette la situazione nel novembre 1926, quando a Suardo subentra Giuseppe Bottai, il gerarca più attrezzato sotto il profilo culturale, che ha grandi progetti per il sistema corporativo: lo immagina come disciplinatore supremo della produzione nazionale. Ciò, a suo avviso, comporta il superamento di ogni residuo classista e quindi il ridimensionamento del ruolo svolto dal sindacato. Un altro avversario pericoloso per Rossoni è il segretario del Pnf Augusto Turati, subentrato a Roberto Farinacci nel marzo 1926. Il partito, sotto la dittatura, ha perso ogni funzione politica (dopo il 1925 non terrà nemmeno più congressi) e per giunta dispone di una rappresentatività inferiore rispetto al sindacato, che ha due milioni e 800 mila iscritti contro poco più di un milione del Pnf. E allora Turati cerca di recuperare influenza attraverso il Comitato intersindacale centrale, un organismo da lui presieduto, dotato di competenze rilevanti in materia di prezzi e salari, in cui siedono delegati dei lavoratori e dei datori di lavoro. In ogni provincia si è costituito un comitato intersindacale locale, con a capo il segretario federale del Pnf, che contende spazio d'iniziativa alle strutture del sindacato. Insomma, formalmente tutti osannano i principi corporativi fissati nella Carta del Lavoro, documento enfatico senza valore legale approvato nell'aprile 1927, ma dietro le quinte si svolge un'aspra contesa di potere.

A rendere ancora più duro lo scontro contribuisce il progetto di riforma elettorale da applicare nel 1929 per la nuova Camera: i 400 candidati dell'unica lista, sicuri di diventare deputati, saranno scelti dal Gran Consiglio in un elenco di 1.000 nomi, dei quali 800 proposti dalle categorie produttive. Di questi ultimi, 440 spettano al sindacato, cioè a Rossoni, che potrebbe così dominare Montecitorio. Se a ciò si aggiunge che nella Confederazione si manifesta un crescente malcontento verso i datori di lavoro, si capisce la decisione mussoliniana di stroncarla.

Con lo sbloccamento voluto dal Duce nascono sei organizzazioni distinte: industria, agricoltura, commercio, banche, trasporti terrestri, professionisti. Ce n'è anche una settima, già esistente in forma autonoma, che riunisce i lavoratori dei trasporti marittimi e aerei. Ma il punto vero è che il sindacato fascista, così indebolito, fatica persino a entrare nei luoghi di lavoro. Soltanto nel 1939 saranno pienamente legittimati i fiduciari di fabbrica, rappresentanti sindacali incaricati di tutelare i dipendenti nel rapporto con l'azienda.

11 febbraio 1929

Una firma frettolosa

Nella Sala dei Papi del palazzo di San Giovanni in Laterano, a Roma, viene siglato l'11 febbraio 1929 un triplice accordo d'indubbio rilievo storico per il nostro Paese. Sono i Patti Lateranensi, che sanciscono la conciliazione tra il Regno d'Italia e la Santa Sede, ponendo fine a un contenzioso che durava da quasi sessant'anni, da quel 20 settembre 1870 in cui le truppe del re Vittorio Emanuele II avevano conquistato Roma, cancellando il potere temporale dei pontefici. Per il Vaticano, in quanto plenipotenziario del papa Pio XI, firma il segretario di Stato, cardinale Pietro Gasparri. Per lo Stato italiano firma il capo del governo Benito Mussolini.

Si tratta di un notevole successo politico e diplomatico per il regime fascista, che ne certifica la determinazione nell'affrontare i problemi e serve a compattare intorno alla dittatura il consenso dei cattolici. Eppure il Duce non appare entusiasta: «I filmati dell'epoca», osserva la storica Lucia Ceci, «mostrano un Mussolini frettoloso, più imbarazzato che fiero per l'apposizione della storica firma». Forse permane in lui, come nel fascismo intransigente, un residuo delle vecchie posizioni anticlericali. Di certo la trattativa non è stata semplice, perché le concessioni fatte alla Chiesa intaccano in qualche misura il carattere totalitario del regime.

Va ricordato tuttavia che, ancora prima della marcia su Roma, Mussolini aveva mostrato attenzione verso il Vaticano, al quale nel 1921 aveva riconosciuto la capacità di irradiare «l'unica idea universale che oggi esista a Roma». Una volta giunto alla testa del governo, ha salvato il Banco di Roma, istituto vicino alla Santa Sede, mentre la riforma della scuola varata nel 1923 da Giovanni Gentile ha posto l'insegnamento della religione cattolica a «fondamento e coronamento» dell'istruzione elementare. Sull'altro versante la Chiesa ha delegittimato il leader del Partito popolare don Luigi Sturzo, avversario del fascismo, inducendolo alle dimissioni e poi all'esilio per via del vincolo di obbedienza che lega ogni sacerdote alla gerarchia ecclesiastica.

Nell'estate del 1926, a dittatura ormai consolidata, sono cominciate le trattative, inizialmente informali. Per lo Stato le ha condotte il consigliere di Stato Domenico Barone, destinato a morire nel 1929 poco prima della firma dei Patti, mentre la Santa Sede si è fatta rappresentare dall'avvocato Francesco Pacelli (fratello di Eugenio, il futuro papa Pio XII). Non era un compito facile, perché Mussolini non era disposto a fare concessioni territoriali rilevanti al Vaticano e soprattutto era assai refrattario a consentire l'esistenza di organizzazioni giovanili svincolate dal regime.

A tal proposito va ricordato che nell'aprile 1926 è stata costituita l'Opera nazionale balilla (Onb), incaricata di curare l'educazione ai valori del fascismo degli individui dai 6 ai 18 anni di età. E più tardi sono state sciolte tutte le organizzazioni giovanili indipendenti dal regime. Sono stati soppressi così gli esploratori, i boy scout d'ispirazione cristiana, mentre Mussolini si mostra disposto a fare un'eccezione per le strutture dell'Azione cattolica, purché limitino la loro attività al campo religioso.

Alla fine l'intesa si trova, Gasparri e il Duce la sottoscrivono. I Patti Lateranensi consistono in tre accordi: il trattato, con cui la Santa Sede riconosce il Regno d'Italia e viene costituito il minuscolo Stato di Città del Vaticano; la convenzione finanziaria, a norma della quale il regime assegna un corposo risarcimento al papato per la perdita del potere temporale, 750 milioni di lire più un miliardo in cartelle del debito pubblico; il concordato, che regola i rapporti tra Stato e Chiesa in Italia.

Tra le norme concordatarie, spiccano quelle relative al matrimonio, con il riconoscimento statale delle nozze celebrate con rito religioso e anche degli annullamenti decretati dai tribunali ecclesiastici: un punto assai delicato in un Paese dove non esiste l'istituto del divorzio. L'insegnamento della religione viene esteso dalle elementari alle scuole medie inferiori e superiori. I sacerdoti «apostati o irretiti da censura», cioè in rotta con l'autorità ecclesiastica, sono esclusi dagli impieghi pubblici. Lo Stato riconosce le organizzazioni dipendenti dall'Azione cattolica in quanto «svolgano la loro attività al di fuori di ogni partito e sotto l'immediata dipendenza dalla gerarchia della Chiesa per la diffusione e l'attuazione dei principi cattolici».

Due giorni dopo la firma dei Patti, Pio XI manifesta il suo compiacimento per la conciliazione, definendo Mussolini «l'uomo che la Provvidenza ci ha fatto incontrare». Un riconoscimento lusinghiero, che però non basta a placare un certo malumore del Duce, che si esprime nel discorso da lui tenuto alla Camera in occasione del dibattito sulla ratifica dei Patti Lateranensi.

Il 13 maggio 1929 il dittatore afferma che la religione cristiana ha potuto assumere un respiro universale perché si è intrecciata con la civiltà imperiale dell'antica Roma, mentre sarebbe rimasta uno dei tanti culti orientali storicamente poco rilevanti se ciò non fosse accaduto. Inoltre specifica che i giovani devono essere educati dallo Stato in modo da sviluppare in loro «il senso della virilità, della potenza, della conquista».

Il giorno dopo Pio XI replica che se tutti i Paesi spingessero la gioventù alla conquista, non potrebbe che scaturirne la guerra generalizzata. E soprattutto rivendica alla famiglia e alla Chiesa una competenza primaria in materia educativa rispetto allo Stato. Ma Mussolini non si smuove dalle sue posizioni, che ribadisce nel discorso tenuto in Senato il 25 maggio. Non mancano insomma i motivi di attrito, che più avanti provocheranno forti dissidi. Di fatto esiste e permarrà sempre una tensione di fondo tra il fascismo, che si presenta come una sorta di religione politica d'impronta nazionalista, e la Chiesa, con la sua aspirazione a dominare la vita spirituale degli italiani.

24 aprile 1930

Nozze di regime

C'è grande agitazione questa mattina a Villa Torlonia, residenza romana della famiglia Mussolini. Tutt'intorno all'edificio non si contano i mazzi di fiori. E a un certo punto trecento bambini delle scuole romane entrano dal cancello, si schierano davanti alla palazzina e intonano *Giovinezza*, l'inno ufficiale dell'Italia fascista. Benito Mussolini si affaccia a salutarli. Con lui c'è la figlia primogenita Edda, che oggi, 24 aprile 1930, si sposa con il diplomatico Galeazzo Ciano.

È un matrimonio per alcuni versi combinato, che ha trovato pienamente concordi i padri dei due fidanzati. Costanzo Ciano, padre dello sposo, è un eroe di guerra, medaglia d'oro al valor militare e insignito dal re del titolo di conte, attualmente ministro delle Poste. Il Duce se ne fida al punto che, in un documento segreto, lo ha addirittura designato come suo successore in caso di morte improvvisa. Il figlio Galeazzo, giovane bello e brillante nato nel 1903, appare un ottimo genero al dittatore. D'altronde i due ragazzi si sono piaciuti subito. Edda, carattere ribelle che viene dalla rottura di un altro fidanzamento con Pier Francesco Mangelli, apprezza il nuovo candidato. E lui, funzionario in carriera di stanza in Cina, è certamente attratto da una donna nient'affatto sgradevole e figlia dell'uomo più potente d'Italia. Si sono conosciuti in gennaio e adesso convolano a giuste nozze.

Torniamo a Villa Torlonia. I bambini intonano altri canti, poi sfilano davanti alla loggia dell'edificio, alzando il braccio destro nel saluto romano. Ciascuno di loro riceve una bomboniera piena di confetti. Intanto, nella vicina chiesa di San Giuseppe sulla via Nomentana, addobbata in modo sontuoso, tutto è pronto per la cerimonia nuziale. Ci sono le autorità civili e militari, è presente in forze l'aristocrazia romana, prestano servizio i moschettieri del Duce, guardia d'onore di Mussolini. La sicurezza è assicurata da circa 1.500 agenti. Poco prima delle 11, ora fissata per la cerimonia, arriva il dittatore con la figlia. Il rito viene celebrato dal parroco don Giovenale Pascucci, secondo il quale i due sposi dovranno essere «il prototipo della famiglia cristiana e italica, famiglia di quella stirpe che conosce tutti gli ardimenti, tutte le glorie che s'ingemmano ininterrotte di tutti i fulgori dell'arte, di tutti gli eroismi e di tutte le conquiste del progresso e della civiltà». Un distillato di retorica clerico-fascista. I testimoni sono il ministro degli Esteri Dino Grandi, il fratello del Duce Arnaldo Mussolini, l'ambasciatore presso la Santa Sede Cesare Maria De Vecchi, il principe Giovanni Torlonia.

Terminata la cerimonia, un piccolo corteo di automobili si dirige tra due ali di folla plaudente verso il Vaticano, dove gli sposi, secondo la tradizione romana, compiono una visita alla tomba di san Pietro nell'omonima cattedrale. Dopo la conciliazione dell'anno precedente, con la firma dei Patti Lateranensi, la sinergia tra il regime e la Chiesa fa così un altro piccolo passo avanti. E dire che Edda, alla nascita, non era stata neppure battezzata e ha ricevuto il sacramento soltanto quindicenne, nel 1925, in coincidenza con il matrimonio religioso dei genitori.

Poco dopo le nozze, i due sposi partono per Shanghai, dove Galeazzo torna con la carica di console generale. La sua carriera sarà fulminea. Nel 1933 si trasferisce a Roma come capo dell'ufficio stampa di Mussolini, con il rango di sottosegretario, e nel 1935 viene promosso ministro della Stampa e della propaganda. Nel 1936 il balzo alla guida del dicastero degli Esteri, che lo rende un protagonista della diplomazia europea: sarà lui a gestire i primi passi dell'Asse con la Germania nazista, per poi perdere la fiducia in Adolf Hitler quando capirà che l'espansionismo di Berlino è proiettato verso la guerra. Per molto tempo Ciano sarà considerato il numero due del regime e il candidato più plausibile alla successione di Mussolini. Gli dà anche tre nipoti: Fabrizio,

Raimonda e Marzio. Alla loro nascita il Duce impartisce tassative disposizioni ai giornali per non essere chiamato «nonno», un termine troppo confidenziale che lo invecchia e non gli si addice.

Il matrimonio tra Edda e Galeazzo è sicuramente felice nei primi tempi, ma poi la passione reciproca si spegne e subentrano tradimenti continui da una parte e dall'altra. Niente drammi però: i Ciano sono una coppia decisamente anticonvenzionale per l'epoca, propensa a godersi la vita senza troppi problemi. D'altronde per Galeazzo, soprannominato beffardamente il «generissimo» nei salotti romani, sarebbe un grosso problema rompere con la figlia del dittatore al quale deve tutto. Questo nonostante la moglie abbia anche il vizio del poker e si trovi spesso a dover pagare ingenti debiti di gioco.

Va ricordato comunque che quando Ciano sarà messo sotto processo e condannato a morte, nel periodo fosco della Repubblica sociale italiana, per il «tradimento» commesso votando contro Mussolini nel Gran Consiglio del 1943, Edda farà di tutto per salvarlo, giungendo fino al punto di rompere con il padre. Durissimi anche gli scontri con la madre Rachele, che detesta il genero. Ma non ci sarà nulla da fare. Dopo un processo farsesco svoltosi a Verona, Galeazzo Ciano sarà fucilato l'11 gennaio 1944, assieme ad altri quattro ex gerarchi (tra cui De Bono e Marinelli) accusati dello stesso «delitto». Edda fuggirà in Svizzera, portando con sé i diari del marito. Una fonte storica preziosa, anche se in alcuni punti manipolata dall'autore dopo la sua caduta in disgrazia nel febbraio del 1943, quando sarà retrocesso da ministro degli Esteri ad ambasciatore presso la Santa Sede.

24 luglio 1931
Ai ferri corti con il papa

Pietro Tacchi Venturi è un padre gesuita ormai settantenne, un uomo esperto e dotato di notevoli doti diplomatiche, che Pio XI ha scelto per tenere i contatti riservati con Benito Mussolini. Ma quando entra a Palazzo Venezia il 24 luglio 1931 l'animo dell'inviato del papa non è certamente sereno. Siamo infatti nel pieno di una grave crisi tra il fascismo e il Vaticano su un punto cruciale: il ruolo che spetta all'Azione cattolica nella società italiana, soprattutto per quanto riguarda l'educazione delle nuove generazioni. E nelle precedenti settimane la tensione ha raggiunto livelli altissimi. Insomma, il compito di fare da intermediario tra il Duce e il pontefice Achille Ratti si presenta assai complicato.

Tutto è cominciato nel marzo del 1931 con alcuni attacchi della stampa fascista alle associazioni cattoliche, accusate di voler svolgere attività sindacale, riservata dalla legge alle organizzazioni legate al regime, e di aver offerto un rifugio a ex oppositori del governo provenienti dal Partito popolare. Nel mirino ci sono soprattutto le strutture giovanili, che fanno a quelle fasciste una tacita concorrenza, giudicata da Mussolini inaccettabile. Tra l'altro, dopo la firma dei Patti Lateranensi nel 1929, l'associazionismo religioso ha conosciuto una ragguardevole crescita.

La situazione si è via via deteriorata dopo i primi vani tentativi di trovare una soluzione a livello diplomatico. In aprile è intervenuto personalmente Pio XI, condannando il clima «d'odio e d'irriverenza» che si respira nelle organizzazioni giovanili fasciste e biasimando tra l'altro i «pubblici concorsi di atletismo femminile» che il regime consente: per la Chiesa le donne non devono fare sport. Poi sono cominciate le violenze di stampo squadrista contro le sedi dei movimenti di matrice religiosa. E il 29 maggio Mussolini ha ordinato ai prefetti di sciogliere e bandire tutte le organizzazioni giovanili che non fanno capo al Partito fascista e all'Opera nazionale Balilla, chiudendo le loro sedi, sequestrandone i beni e diffidandone i dirigenti. Una direttiva prontamente eseguita.

Il papa però non è il tipo da lasciarsi intimidire e, dopo le dovute rimostranze diplomatiche, ha emanato in lingua italiana (e non in latino come al solito) la dura enciclica *Non abbiamo bisogno*, datata 29 giugno 1931, ma pubblicata il 5 luglio per assicurarsene nel frattempo la diffusione all'estero. In quel documento ha preso le difese dell'Azione cattolica e ha criticato l'ideologia fascista: «Una concezione dello Stato», ha scritto il pontefice, «che gli fa appartenere le nuove generazioni, interamente senza eccezione dalla prima età all'età adulta, non è conciliabile per un cattolico con il diritto naturale della famiglia». Ed è altrettanto contrario alla retta dottrina, ha aggiunto, sostenere che la Chiesa deve «limitarsi alle pratiche esterne di religione (messa e sacramenti) e che il resto dell'educazione appartiene totalmente allo Stato». Tuttavia Pio XI non ha chiuso la porta al dialogo. Nell'enciclica ha infatti precisato di non voler «condannare il partito e il regime come tali». Naturalmente la stampa italiana ha ignorato l'enciclica, che però ha avuto una forte risonanza oltreconfine.

Il 23 luglio papa Ratti ha poi riunito un concistoro dei cardinali residenti a Roma, che ha visto la maggioranza dei porporati schierarsi su una posizione favorevole al compromesso con il fascismo. E l'indomani ha affidato al fido Tacchi Venturi un duro messaggio per il Duce, nel quale si ipotizza una «esplicita riprovazione di princìpi che sono in contrasto con la dottrina e con i diritti della Chiesa» da parte del pontefice. Quando il gesuita, di cui abbiamo il resoconto del colloquio, gli riferisce la posizione di Pio XI, Mussolini rimane calmo, ma si mostra addolorato, e afferma che gli sembra di sognare. In un momento così difficile per tutta l'Europa in conseguenza della grande crisi economica del 1929, argomenta il dittatore, con la minaccia del bolscevismo che incombe e la massoneria che tesse trame anticlericali e antifasciste, sarebbe consigliabile la concordia tra la Santa Sede e lo Stato italiano, non un atteggiamento irragionevole di chiusura.

Quindi il ragionamento si fa intimidatorio. Se il papa dovesse condannare apertamente il regime, Mussolini dichiara di non poter assicurare che si eviterebbero gravi violenze e che sarebbe mantenuto l'ordine pubblico. In pratica lascia intendere che darebbe via libera alle camicie nere per pesanti rappresaglie contro il mondo cattolico. Meglio che il Vaticano si astenga da quella che il fascismo considererebbe una dichiarazione di guerra, ammonisce il Duce, perché il risultato potrebbe essere solo un cumulo d'immensi danni per la Chiesa e per l'Italia.

Nonostante queste poco rassicuranti premesse, la trattativa si avvia. Tacchi Venturi presenta una sua ipotesi di dichiarazione e Mussolini accetta di prenderla in esame. Nelle settimane successive i due s'incontrano diverse altre volte, con un progressivo avvicinamento delle posizioni. Verso la metà di agosto, come prova di buona volontà, la Santa Sede chiede che sia consegnato ai vescovi tutto il materiale sequestrato alle organizzazioni giovanili cattoliche. Il Duce acconsente, purché la restituzione non venga resa nota fino alla conclusione dell'accordo.

Il 2 settembre 1931 l'intesa è raggiunta e viene pubblicata. Essa stabilisce che l'Azione cattolica «dipende direttamente dai vescovi», quindi deve operare fondamentalmente a livello diocesano. L'Ac inoltre non deve occuparsi in alcun modo di politica né di questioni sindacali (anche se può mantenere le sue «sezioni interne professionali»), perché ha esclusivamente «fini di ordine religioso e spirituale». Tra i suoi dirigenti non possono essere nominati «coloro che appartennero a partiti avversi al regime» e la sua bandiera è quella nazionale dell'Italia. I circoli giovanili dell'Azione cattolica vengono ripristinati, ma «si asterranno dallo svolgimento di qualsiasi attività di tipo atletico e sportivo, limitandosi soltanto a trattenimenti d'indole ricreativa e educativa con finalità religiose».

La Chiesa è dunque costretta a fare alcuni passi indietro, subendo le pretese di un regime che non tollera concorrenti nella sua attività di indottrinamento politico, specialmente quella rivolta ai giovani. E tuttavia l'associazionismo cattolico viene salvaguardato e costituirà un serbatoio prezioso per la formazione di una potenziale classe dirigente in grado di sostituire quella fascista dopo la caduta della dittatura.

24 aprile 1932

Amore clandestino

Sulla via del Mare che conduce da Roma a Ostia viaggia la vettura della famiglia Petacci, guidata da un autista. A bordo si trova la signora Giuseppina Persichetti, moglie del medico Francesco Saverio Petacci, con le due figlie femmine: Clara, detta familiarmente Claretta, è nata nel 1912; Myriam sta per compiere nove anni. È il 24 aprile 1932.

D'un tratto l'auto dei Petacci viene sorpassata da un'Alfa Romeo, al volante della quale siede il capo del governo Benito Mussolini. Claretta implora il conducente di seguirlo in una gara di velocità: sin da bambina è un'ammiratrice sfegatata del dittatore e gli ha scritto la prima lettera a quattordici anni, quando lui sfuggì di poco all'attentato dell'esagitata Violet Gibson. Le due vetture corrono a breve distanza l'una dall'altra e il Duce s'incuriosisce. Giunto a Ostia rallenta, accosta e scende dall'auto. Anche la macchina dei Petacci si ferma. Claretta si fa incontro al Duce, tremante per l'emozione d'incontrare il proprio idolo, e si presenta. I due scambiano qualche parola. Lei gli strappa la promessa di un incontro a Palazzo Venezia. È l'inizio di una relazione che si concluderà solo con la morte violenta di entrambi.

Pochi giorni dopo Claretta è ricevuta nella sede del capo del governo. Mussolini s'informa su di lei e sulla sua famiglia. La ragazza è fidanzata con un sottotenente ventottenne dell'Aeronautica, Riccardo Federici. Il padre di lei è un dottore piuttosto rinomato e coetaneo del Duce, ben introdotto negli ambienti vaticani tanto da diventare medico personale del papa Pio XI. Il fratello maggiore di Clara, Marcello, sta per laurearsi a sua volta in Medicina.

Dopo il primo incontro, Claretta tempesta il dittatore di lettere e bigliettini, sperando in una nuova udienza. Tra l'altro abita con la famiglia in via Lazzaro Spallanzani, vicino alla residenza del dittatore, Villa Torlonia, e le capita di scorgere dalla finestra il suo eroe che torna a casa per pranzo o passeggia nel parco. Mussolini è intrigato da quella ragazza attraente e all'apparenza ingenua: va ormai per la cinquantina e tanta devozione lo fa sentire più giovane. Il 10 novembre 1932 le telefona a casa, con gran gioia della ragazza. Poi le chiamate s'infittiscono e aumentano anche gli incontri faccia a faccia. Sono colloqui ancora brevi, non più di un quarto d'ora, e non comportano rapporti intimi.

Claretta però non è per niente timida. Propone al

Duce di diventare un'informatrice al suo servizio e soprattutto gli chiede di continuo favori per il padre, il fratello, il fidanzato. Nel marzo 1934, durante un'udienza a Palazzo Venezia, la ragazza scoppia a piangere. Mussolini le chiede il motivo e lei confessa che gli vuole bene. Il dittatore si ritrae, fa presente la differenza di età, quasi trent'anni, la esorta a voler bene semmai al suo fidanzato: «Sposa il tuo Riccardo e sta' tranquilla», le dice.

La Petacci segue la prima parte del suggerimento e il 27 giugno 1934 si celebrano le nozze con Federici. Ma non rimane affatto tranquilla, non è nel suo carattere. E poi la passione per Benito è troppo forte, dirompente. Continuano le lettere di lei, le telefonate di lui. E presumibilmente fanno l'amore per la prima volta nel maggio del 1936, proprio mentre la popolarità del dittatore tocca il culmine con la conquista dell'Etiopia e la proclamazione dell'effimero impero africano. Il 12 maggio Claretta manda al Duce un mazzo di fiori accompagnato da un biglietto romantico in cui lo chiama «mio dolce selvaggio» e gli domanda teneramente se «la ama un pochino». Ormai il marito è diventato per lei un estraneo: «Vi amo ogni giorno di più», scrive a Mussolini il 31 maggio 1936, «sono nella vostra divina atmosfera d'amore, non posso più essere toccata da lui». Nel luglio dello stesso anno Federici acconsente alla separazione dalla moglie.

Non si tratta di una delle tante avventure occasionali del Duce. Tra i due c'è una passione autentica.

Claretta diventa così la favorita del despota, anche se solo una cerchia ristretta di gerarchi, persone altolocate o vicine alla coppia è a conoscenza della relazione. Gli incontri diventano quasi quotidiani, le telefonate frequentissime. A volte i due amanti vanno insieme sulla spiaggia di Castelporziano, d'estate, o sul monte Terminillo, d'inverno. Gelosissima del suo Benito, la Petacci si abbandona spesso a melodrammatiche scenate quando scopre o sospetta tradimenti, che la fanno sentire male anche fisicamente. Mussolini, almeno nel periodo più intenso della loro storia, fra il 1936 e il 1940, si mostra appassionato e premuroso. Inoltre aiuta la famiglia della donna, favorisce la carriera del padre e del fratello come medici, appoggia l'attività della sorella come attrice. Contribuisce anche alla costruzione della maestosa Villa Camilluccia, a Monte Mario, dove i Petacci si trasferiscono nel 1939: una dimora di 32 stanze, progettata dagli architetti Vincenzo Monaco e Amedeo Luccichenti, che dispone anche di un nido lussuoso per i due amanti. Dopo la fine del fascismo la residenza sarà oggetto di un contenzioso, poi finirà in stato di abbandono e verrà demolita.

Sappiamo molto della relazione adulterina perché Claretta era una grafomane maniacale, che annotava tutti i discorsi che le faceva Benito anche su temi delicati di natura politica. Ora i suoi diari fino al 1940 sono stati pubblicati, anche se non integralmente per via della loro mole spropositata. Si tratta di una documentazione assai interessante per comprendere gli stati d'animo e i giudizi del dittatore, anche se non si può essere certi che il Duce fosse completamente sincero quando parlava con la sua amante. Certamente non lo era quando le giurava eterna fedeltà. Ma altrettanto certamente le parole riferite dalla Petacci gli appartengono, non come il contenuto dei falsi diari mussoliniani che sono circolati anni fa.

Con l'inizio della Seconda guerra mondiale e i problemi crescenti, in parte anche di salute, che il capo del governo si trova ad affrontare, la relazione si raffredda e gli incontri si diradano tra alti e bassi. Claretta è molto malvista dai gerarchi fascisti, che la considerano una profittatrice responsabile in qualche misura anche del declino politico e umano di Mussolini. Quando poi il regime cade, la notizia del rapporto tra i due amanti viene diffusa dalla stampa, nell'agosto 1943, per screditare ulteriormente il dittatore spodestato.

Con l'armistizio del settembre 1943, l'occupazione tedesca e la nascita della Repubblica sociale italiana, Claretta torna a farsi viva e riprende a incontrarsi con il Duce. Lui però non può più muoversi liberamente come un tempo e i loro appuntamenti diventano più radi e difficili da organizzare. Per giunta la Petacci trasmette le lettere che le manda Benito ai tedeschi, illudendosi così di poter giocare un qualche ruolo, da convinta filonazista, in una situazione ben più grande di lei. Seguirà l'amore della sua vita anche nell'ultimo viaggio senza ritorno.

7 giugno 1933
L'illusione del direttorio

Mussolini aspira a fare dell'Italia una grande potenza riconosciuta internazionalmente. E vuole affermarsi come statista di primo piano su scala continentale. Per questo ha preso l'iniziativa di promuovere un accordo tra i quattro Paesi più importanti dell'Europa occidentale per una stretta cooperazione finalizzata alla risoluzione delle controversie e al mantenimento della pace. Oggi, 7 giugno 1933, l'obiettivo sembra raggiunto: è prevista stasera a Roma la sigla di un trattato fra Italia, Francia, Germania e Gran Bretagna. Si tratta per il momento della cosiddetta «parafatura», una sorta di accordo preliminare a cui deve seguire la firma definitiva. Ma per il Duce, che ha proposto e sostenuto con energia questo «Patto a Quattro», è un traguardo importante da celebrare con un solenne discorso in Senato.

Il dittatore entra nell'aula di Palazzo Madama intorno alle 18.35, accolto dalle solite manifestazioni di entusiasmo, alle quali risponde per due volte con il saluto romano. Nelle tribune riservate al pubblico ci sono gli ambasciatori Ronald Graham, britannico, Henry de Jouvenel, francese, Ulrich von Hassell, tedesco. Terminate le acclamazioni, il segretario del Partito fascista Achille Starace esclama: «Saluto al Duce!». E i senatori rispondono con il rituale: «A noi!». Poi comincia il discorso, in cui l'oratore chiarisce subito che lo scopo del Patto a Quattro è stabilire una sorta di direttorio europeo delle maggiori potenze, incaricato di sciogliere i nodi su cui la Società delle Nazioni si va incagliando: in particolare i negoziati per il disarmo in corso a Ginevra e la revisione dei trattati di pace, punto quest'ultimo su cui ovviamente insiste la Germania, di cui da alcuni mesi è diventato cancelliere Adolf Hitler.

Mussolini ci tiene parecchio a far parte del «salotto buono» in cui si decidono le sorti del continente. E per questo, in sede di trattative, è stato disposto a concedere molto alla Francia, il Paese più diffidente verso la riammissione del Reich tedesco nella comunità internazionale su un piano di parità. Il Duce, nel suo intervento, si riallaccia agli accordi di Locarno, firmati nel 1925, che hanno segnato un riavvicinamento tra vincitori e vinti della Prima guerra mondiale. Ma all'epoca la Germania era quella democratica di Weimar; oggi, con un governo nazionalsocialista a Berlino, la situazione è radicalmente mutata. E anche il Patto a Quattro, rispetto al testo proposto dall'Italia, ha subito modifiche notevoli per volontà di Parigi. Mussolini si sforza di dimostrare che la sostanza del trattato è rimasta immutata, leggendo i primi articoli nella versione originaria e in quella attuale. Appare tuttavia evidente che il testo a cui si è giunti da una parte risulta piuttosto generico, e dall'altra contiene richiami più stringenti alla Società delle Nazioni come sede privilegiata in cui condurre i negoziati diplomatici. «Lo schema originario», si giustifica il Duce, «registrava un pensiero politico, in veste essenzialmente politica. La redazione concordata, oltre che tener conto e conciliare le preoccupazioni e i desiderata delle varie parti, è un testo legale di accordo.»

Poi il dittatore passa a esaminare l'atteggiamento dei singoli Stati contraenti. Totale è stata la sintonia con il Regno Unito, dichiara, sin dalla visita a Roma del premier britannico Ramsay MacDonald e del suo ministro degli Esteri John Simon, il 17 e il 18 marzo 1933. Roma e Londra, sottolinea Mussolini, sono chiamate a rappresentare una speciale «posizione di equilibrio». Più complesso è stato trattare con la Francia, poiché il governo di Parigi ha dovuto lottare «contro corrente» per far accettare il trattato a un'opinione pubblica recalcitrante, ma comunque il negoziato è andato a buon fine e ha creato «una nuova situazione di fiducia reciproca» con l'Italia, che agevolerà la risoluzione del contenzioso pendente. Quanto alla Germania, il Duce si dice convinto della sua «volontà di pace», manifestata in un recente discorso di Hitler, ed esalta la presa del potere da parte dei nazisti come «una profonda rivoluzione non solo nazionale, ma sociale». D'altronde, aggiunge l'oratore, una seria politica di pace in Europa non si può certo perseguire senza Berlino o, peggio ancora, contro Berlino.

Mussolini sottolinea poi che il Patto a Quattro non è rivolto contro nessuno, poiché anzi nel testo «è insita l'idea della collaborazione con tutti gli altri Stati, grandi e piccoli, europei ed extraeuropei». Cita ovviamente gli Stati Uniti, ma anche l'Unione Sovietica, con cui l'Italia ha ultimamente «concluso un trattato di commercio». E termina esaltando lo spirito del Patto a Quattro: «Spirito che mette fine a un capitolo della storia del dopoguerra e ne comincia un altro. Spirito che deve garantire dieci anni di pace all'Europa». Il Senato, ormai quasi completamente fascistizzato, non fa mancare la sua sonora approvazione. Oltre all'invocazione «Duce, Duce», dai banchi si leva il canto di *Giovinezza*.

Alle 19.30 il capo del governo è a Palazzo Venezia con il sottosegretario agli Esteri Fulvio Suvich (ministro è Mussolini stesso) per la sigla del trattato da parte degli ambasciatori de Jouvenel, Graham e von Hassell. Nelle settimane successive tutto procede liscio e il 15 luglio 1933, verso mezzogiorno, il Patto a Quattro viene definitivamente firmato, nella stanza del Mappamondo dove risiede il Duce quando è al lavoro, dagli stessi ambasciatori. Ovviamente la stampa italiana presenta la notizia a tutta pagina come un evento storico. Non sarà così.

L'Italia ratifica il Patto a Quattro il 31 agosto. La Gran Bretagna fa altrettanto il 16 settembre. Ma Hitler ha programmi diversi, ha accettato il trattato soprattutto per non fare un dispetto a Mussolini, che considera il suo maestro. Il 14 ottobre il Führer annuncia l'uscita della Germania dalla Conferenza per il disarmo a Ginevra e, quel che più conta, dalla Società delle Nazioni, alla quale è collegato il Patto a Quattro, condannato così a cadere. Il 12 novembre nel Reich si svolgono le nuove elezioni politiche plebiscitarie con una lista unica nazista, che raccoglie il 92,1 per cento dei voti, e nel contempo un referendum sulla rottura con la Società delle Nazioni, che viene approvata con una percentuale ancora più elevata, 95,1. Così i progetti del Duce vanno in fumo. E aumenta la sua diffidenza verso i nazisti.

14 giugno 1934

«Hitler? Una belva»

Villa Pisani è un imponente edificio costruito nel Settecento per una nobile famiglia veneziana. Si trova a Stra, sulla riviera del Brenta, non lontano dalla città di San Marco. Era in uno stato di manifesto abbandono e Benito Mussolini l'ha fatta restaurare parzialmente in fretta e furia onde ospitarvi il suo primo incontro con Adolf Hitler, che da un anno e mezzo è cancelliere, di fatto padrone assoluto, della Germania. Per diverso tempo il Duce ha snobbato il leader tedesco, che ha sempre sostenuto d'ispirarsi a lui. Ma ora che l'ex caporale austriaco è divenuto il Führer del Terzo Reich nazionalsocialista, il dittatore italiano deve farci i conti eccome, tanto più dopo il fallimento del Patto a Quattro. Però ha preferito non riceverlo a Roma, quasi a sminuirlo, e organizzare l'accoglienza nel Nordest.

Così, al mattino del 14 giugno 1934, Mussolini si

alza dal letto a Villa Pisani, indossa l'uniforme di comandante generale della Milizia e si mette al volante della sua automobile, sulla quale lo accompagnano Fulvio Suvich, sottosegretario agli Esteri (ministro è il Duce), e il capo ufficio stampa Galeazzo Ciano. Giunto a Venezia, il dittatore s'imbarca su una lancia per dirigersi all'aeroporto di San Nicolò Lido, dove verso le 10 del mattino atterra il trimotore di Hitler. Il cancelliere del Reich è in abiti borghesi, porta un impermeabile chiaro su un vestito scuro, tiene in mano un cappello floscio. Mussolini va subito a salutarlo: gli parla in tedesco, lingua di cui ha una certa conoscenza, anche se non perfetta come sostiene la stampa italiana. Poi lo accompagna al Grand Hotel, dove il Führer è alloggiato nell'appartamento più lussuoso. I due dittatori si ritrovano per pranzo a Villa Pisani. Qui si svolge il loro primo colloquio riservato.

Non c'è un interprete né altri testimoni, non viene tenuto alcun verbale. Mussolini e Hitler si parlano a quattr'occhi per due ore. Anzi, parla soprattutto il dittatore tedesco, con un eloquio fluviale che rende assai arduo al suo interlocutore decifrarne le argomentazioni. Al centro della conversazione, da quanto viene riferito, c'è inevitabilmente la questione dell'Austria, che il Terzo Reich intende annettere, mentre l'Italia la difende per non ritrovarsi al Brennero un vicino così ingombrante, tanto più che in Alto Adige - Sud Tirolo vive una consistente comunità di lingua tedesca percorsa da fremiti irredentisti. Hitler dichiara di essere pronto a garantire l'indipendenza di Vienna, ma pretende che si dimetta il cancelliere Engelbert Dollfuss, da lui considerato ostile, che si vada a elezioni e che i nazisti austriaci entrino nel governo. In sostanza vuole trasformare il Paese danubiano in un satellite della Germania. Le posizioni restano assai distanti.

I due dittatori si ritrovano il pomeriggio del giorno dopo, 15 giugno 1934, al Lido di Venezia, dove si svolge un altro colloquio, altrettanto inconcludente. Hitler, passeggiando con il suo interlocutore lungo i prati e i bastioni del Forte Alberoni, sostiene che il Reich è disposto a rientrare nella Società delle Nazioni, da cui è uscito l'anno precedente, ma solo se gli sarà consentito di riarmarsi, con il conseguente superamento del trattato di pace siglato nel 1919 a Versailles. Mussolini su questo è disponibile, ma il Führer lo irrita assai con i suoi riferimenti alla presunta superiorità della razza nordica su quella mediterranea.

Terminata la seconda conversazione, i due tiranni assistono a una sfilata militare in piazza San Marco, dove il Duce tiene un discorso in cui proclama che l'obiettivo comune di Italia e Germania è «tentare di disperdere le nuvole che infoscano l'orizzonte della vita politica europea». Ma l'esito del vertice non lo ha per nulla soddisfatto. Anzi, di Hitler ha riportato un'impressione pessima. Gli è apparso un fanatico dottrinario, se non addirittura un pazzo o un maniaco. Il Führer invece sembra rimasto entusiasta del suo interlocutore: «Uomini come Mussolini nascono una volta ogni mille anni», dice al maggiore Giuseppe Renzetti, che da Berlino tiene una sorta di rapporti informali tra il governo italiano e i capi nazisti.

Due settimane dopo, il mondo resta attonito di fronte alla «Notte dei lunghi coltelli». Le SA, le squadre d'azione naziste capitanate da Ernst Röhm, si mostravano inquiete, parlavano di tradimento degli ideali rivoluzionari. E Hitler ha ordinato di arrestare e massacrare senza pietà i vertici dell'organizzazione nelle prime ore del 30 giugno 1934, approfittando della situazione per far eliminare sommariamente anche alcuni esponenti della vecchia classe dirigente conservatrice ritenuti infidi. Le vittime dichiarate ufficialmente sono 71, ma gli storici stimano che siano state almeno il doppio. Mussolini non è certo un politico che arretri di fronte all'uso della violenza, tuttavia rimane sconcertato da un'epurazione così selvaggia e sanguinosa. In un colloquio con Suvich definisce Hitler una «belva umana».

Non passa molto tempo e i nazisti austriaci tentano di prendere il potere. È il 25 luglio 1934 quando un corteo di automobili penetra nell'edificio della cancelleria di Vienna durante un Consiglio dei ministri. Ne scendono uomini armati decisi a impadronirsi del palazzo. Uno di loro uccide Dollfuss, ma gli altri membri del governo riescono a fuggire, mentre in tutto il Paese si succedono gli scontri fra i golpisti e le forze leali allo Stato. La notizia manda in bestia Mussolini: tra l'altro la famiglia del cancelliere assassinato, con cui aveva stretto amicizia, è ospite nella sua villa di Riccione per le vacanze estive. Pare che Dollfuss, morente, abbia affidato proprio alle cure del dittatore italiano la moglie e i figli.

Il Duce reagisce con la massima energia. Invia al vicecancelliere di Vienna, Ernst Rüdiger Starhemberg, un telegramma nel quale definisce l'indipendenza austriaca «un principio che è stato difeso e sarà difeso dall'Italia ancor più strenuamente» dopo quanto è accaduto. E non si limita alle parole: mobilita quattro divisioni dell'esercito in direzione del confine al Brennero per fronteggiare qualsiasi evenienza. La Germania comunque non si muove in aiuto degli insorti, come si poteva temere, e la sedizione viene stroncata dalle autorità austriache.

I rapporti tra Berlino e Roma peggiorano, la stampa italiana si mostra assai critica verso il regime nazista. E Mussolini a Bari il 6 settembre 1934 pronuncia parole sprezzanti: «Trenta secoli di storia ci permettono di guardare con sovrana pietà talune dottrine d'Oltralpe, sostenute dalla progenie di gente che ignorava la scrittura, con la quale tramandare i documenti della propria vita, nel tempo in cui Roma aveva Cesare, Virgilio e Augusto». Non è difficile capire a chi si riferisca.

2 ottobre 1935
Alla conquista di un impero

Benito Mussolini ha deciso. Anche a costo di provocare una crisi nei rapporti con la Francia e la Gran Bretagna, sue alleate nella Prima guerra mondiale e adesso nel cosiddetto «fronte di Stresa» avverso al riarmo tedesco, l'Italia deve procurarsi un impero africano a spese dell'Etiopia. È un atto di grande valore simbolico agli occhi della popolazione, perché si tratta di vendicare l'umiliazione cocente di Adua, dove nel 1896 i guerrieri del negus Menelik II travolsero le truppe del generale Oreste Baratieri. Quando si affaccia dal balcone di Palazzo Venezia, intorno alle 18.45 del 2 ottobre 1935, il Duce sa quali argomenti usare per entusiasmare la folla che lo ascolta, a Roma come in tutte le piazze d'Italia grazie al collegamento radiofonico. Intorno a lui si sono raccolti, dice, «venti milioni di uomini: un cuore solo, una volontà sola, una decisione sola». E la decisione è quella di entrare in guerra contro l'Etiopia.

La polemica di Mussolini è rivolta in primo luogo verso le potenze occidentali, che possiedono immensi imperi coloniali e pretendono di negare all'Italia il diritto di accaparrarsi una fetta dell'Africa, già quasi tutta spartita tra gli Stati europei. Per raggiungere questo obiettivo non c'è soltanto, prosegue il dittatore, un esercito pronto a marciare, ma un popolo intero «contro il quale si tenta di consumare la più nera delle ingiustizie: quella di toglierci un po' di posto al sole». Sono argomenti che fanno breccia nell'orgoglio nazionale degli italiani, persino di alcuni antifascisti. «Con l'Etiopia», esclama il Duce, «abbiamo pazientato quarant'anni! Ora basta!»

Se la Società delle Nazioni, della quale l'Abissinia fa parte, dovesse decidere (come in effetti avverrà) di applicare sanzioni economiche contro l'Italia, a quelle misure, afferma Mussolini, «opporremo la nostra disciplina, la nostra sobrietà, il nostro spirito di sacrificio». Segue un'esaltazione degli italiani come «popolo di poeti, di artisti, di eroi, di santi, di navigatori, di trasmigratori». Poi l'appello finale alla nazione «proletaria e fascista» perché si pronunci con voce unanime e tonante: «Fa che il grido della tua decisione riempia il cielo e sia di conforto ai soldati che attendono in Africa».

La notte stessa, tra il 2 e il 3 ottobre 1935, comincia l'offensiva in grande stile. Dall'Eritrea muovono oltre 150 mila militari, tra italiani e truppe coloniali indigene, i cosiddetti ascari; dalla Somalia ne entrano in azione altri 50 mila. Le forze d'invasione dispongono in abbondanza di mitragliatrici, artiglieria, carri armati, copertura aerea. Mussolini pretende una vittoria rapida nei confronti di un nemico i cui mezzi sono di gran lunga inferiori.

A quel punto l'11 ottobre la Società delle Nazioni decreta una serie di sanzioni economiche contro l'Italia, che entrano in vigore il 18 novembre. Si tratta nel complesso di misure piuttosto blande, che permettono al Duce di presentarsi come perseguitato dall'imperialismo franco-britannico senza pagare un prezzo troppo alto. Del resto il governo di Londra non chiude il canale di Suez al naviglio italiano, consentendo l'invio di rinforzi e il rifornimento regolare delle truppe impegnate nel Corno d'Africa.

Inizialmente l'avanzata incontra difficoltà e procede a rilento, per cui Mussolini il 14 novembre sostituisce Emilio De Bono, comandante del fronte settentrionale (nel Sud opera Rodolfo Graziani), con Pietro Badoglio. In dicembre gli etiopi tentano addirittura una controffensiva, che viene però stroncata anche con l'uso di gas tossici, vietati dalle convenzioni internazionali. Poi, nei primi mesi del 1936, la schiacciante superiorità dei mezzi italiani decide le sorti della contesa. Le armate del negus Hailé Selassié vengono annientate una dopo l'altra.

Il 5 maggio Badoglio entra nella capitale nemica Addis Abeba e il 9 maggio 1936 Mussolini può proclamare trionfalmente in piazza Venezia, dinanzi a una moltitudine osannante, il ritorno dell'impero «sui colli fatali di Roma», presentando la conquista africana come la meta verso la quale il suo governo ha indirizzato per 14 anni le energie del popolo italiano. Prima del discorso un breve Consiglio dei ministri stabilisce che i territori e le genti dell'Abissinia passino «sotto la sovranità piena e intera» dell'Italia. E di conseguenza il re Vittorio Emanuele III assume il titolo d'imperatore d'Etiopia.

In realtà il conflitto è destinato a continuare nella forma di un'estenuante guerriglia, nel corso della quale le truppe italiane si macchieranno di gravi atrocità. Lo stesso viceré Rodolfo Graziani verrà ferito in un attentato il 19 febbraio 1937 a Addis Abeba. E la conseguente rappresaglia sarà ferocissima, con migliaia di vittime innocenti tra la popolazione indigena. Quando poi l'Italia entrerà in guerra con la Gran Bretagna, l'impero si troverà isolato, chiuso tra possedimenti africani del nemico, e cadrà presto come un castello di carte.

Per il momento tuttavia Mussolini si gode il successo, che porta alle stelle la sua popolarità. Non solo ha spodestato Hailé Selassié, ma ha sfidato vittoriosamente la comunità internazionale: di fatto le sanzioni economiche, più che intralciare lo sforzo bellico, hanno alimentato negli italiani un vittimismo che va tutto a vantaggio del regime. Il dissidio con Londra e Parigi ha però come ricaduta quasi obbligata l'avvicinamento alla Germania nazionalsocialista di Adolf Hitler. Le dichiarazioni antitedesche della conferenza di Stresa, svoltasi dall'11 al 14 aprile 1935, non contano più nulla. La divergenza d'interessi sulla questione austriaca, con annessa quella sudtirolese, ha frenato fino adesso i rapporti tra il Duce e il Führer, ma ora l'Italia ha bisogno di rompere l'isolamento e le evidenti somiglianze ideologiche tra fascismo e nazismo ritornano utili.

Per giunta, poco dopo la conquista dell'Etiopia, nel luglio del 1936, scoppia la guerra civile spagnola, per via della sollevazione militare di destra contro la Repubblica governata dalle sinistre. Germania e Italia accorrono in soccorso del generale Francisco Franco, leader dello schieramento nazionalista, con armi, truppe e aerei. È un altro fattore che concorre ad avvicinare Roma e Berlino, mentre Francia e Gran Bretagna optano per il non intervento e soltanto l'Unione Sovietica, anche attraverso l'Internazionale comunista, si mobilita in soccorso dei repubblicani. L'impegno di Mussolini è senza dubbio il più massiccio, con l'invio di una spedizione che giunge a contare 70 mila uomini. Non tutto procede per il meglio: a Guadalajara, nel marzo 1937, le forze italiane subiranno una pesante sconfitta. Ma quando Franco soffocherà le ultime resistenze nemiche nel marzo 1939, al termine di una guerra durissima, anche il Duce potrà cantare vittoria. Solo che il logorio subito in Etiopia e in Spagna renderà l'esercito fascista ancora meno preparato ad affrontare il successivo conflitto mondiale.

1° novembre 1936

L'esordio dell'Asse

Benito Mussolini è sulla cresta dell'onda. La conquista dell'Etiopia ha suscitato in Italia un enorme moto di entusiasmo, che la stampa registra con toni ai limiti dell'idolatria nei riguardi della sua persona. Lui stesso, peraltro, si è convinto di poter giocare un ruolo da assoluto protagonista sulla scena mondiale, anche perché la debole reazione della Francia e della Gran Bretagna all'aggressione in Africa gli è parsa un sintomo evidente della crisi in cui si dibattono le democrazie. Per di più il Duce ha trovato una sponda nella Germania, che si è data un regime analogo al suo e ha dimostrato la propria determinazione nel marzo 1936 con la rimilitarizzazione della Renania, una mossa che ha violato il trattato di Locarno del 1925 e che Londra e Parigi hanno subito passivamente.

Così, nell'autunno 1936, dopo aver celebrato nella

capitale l'anniversario della marcia su Roma, Mussolini compie una visita di cinque giorni a Milano che culmina, il 1° novembre, in un discorso nel quale fa il punto sulla collocazione internazionale dell'Italia. Pochi giorni prima suo genero Galeazzo Ciano, nominato ministro degli Esteri a soli 33 anni il 9 giugno 1936, si è recato in Germania per un'ulteriore tappa di avvicinamento con la sigla di alcuni accordi. Nell'occasione Adolf Hitler, il 24 ottobre 1936, ha riconosciuto ufficialmente l'annessione italiana dell'Etiopia. E Ciano ha consegnato ai tedeschi un dossier di documenti britannici, trafugati dai servizi segreti fascisti, da cui risulta che Londra considera pericolosa la Germania a guida nazionalsocialista. Ci sono tutti i presupposti per un'intesa di fondo tra i due regimi.

A Milano la grande adunata è convocata in piazza del Duomo alle ore 16. Ma già dalle 11 del mattino la gente comincia a raccogliersi presso il vistoso palco, decorato di addobbi neri con il fascio, che è stato allestito davanti al sagrato della cattedrale. A mezzogiorno la piazza si va riempiendo. Quando il Duce fa la sua comparsa, anche le strade laterali traboccano di folla plaudente.

Mussolini avvia il discorso con la demolizione dei pilastri su cui si è cercato di costruire un nuovo sistema di relazioni internazionali dopo la Prima guerra mondiale. Si fa beffe degli sforzi per il disarmo, del concetto di «sicurezza collettiva», dell'idea per cui la pace è indivisibile. Proclama che, per quanto riguarda l'Italia, la Società delle Nazioni «può anche tranquillamente perire», visto che ha cercato di ostacolare l'espansione coloniale del fascismo.

Quindi il Duce passa in rassegna i rapporti con i Paesi vicini. Rimprovera alla Francia la sua ostinazione nel mantenere in vita le sanzioni economiche ora che l'impero del negus «è stramorto». Si compiace delle buone relazioni con la Svizzera. Sottolinea che l'atmosfera con la Jugoslavia «è grandemente migliorata». Riconosce che l'Ungheria è stata penalizzata dai trattati di pace e dovrà esserle «resa giustizia». Il punto più spinoso riguarda l'Austria, di cui Hitler continua a voler fare un sol boccone.

Già da tempo l'Italia ha trasmesso segnali di comprensione verso le pretese tedesche. Nello stesso momento in cui ha nominato Ciano ministro, Mussolini ha rimosso dal sottosegretariato agli Esteri Fulvio Suvich, un triestino diffidente verso l'espansionismo germanico, per mandarlo come ambasciatore negli Stati Uniti. E poi l'11 luglio 1936, anche per via delle pressioni italiane, è stato sottoscritto un accordo tra Vienna e Berlino, con cui il Terzo Reich ha riconosciuto l'indipendenza del Paese danubiano e il cancelliere austriaco Kurt Alois Schuschnigg ha accettato di far entrare nel suo governo i nazisti locali e di subordinare la propria politica estera a quella tedesca. Mussolini a Milano loda il patto, sostiene che esso ha «irrobustito la compagine statale» dell'Austria e ne ha «anche maggiormente garantita l'indipendenza». I fatti s'incaricheranno di smentirlo circa un anno e mezzo dopo, nel marzo 1938, con l'annessione di Vienna al Terzo Reich, l'*Anschluss*, che l'Italia accetterà senza fiatare.

Qui si viene al cuore del discorso, che concerne le intese appena concluse da Ciano e che vede il Duce coniare un termine destinato a restare nella storia: «Questa verticale Roma-Berlino», afferma Mussolini, «non è un diaframma, è piuttosto un asse attorno al quale possono collaborare tutti gli Stati europei animati da volontà di collaborazione e di pace». L'invito alla cooperazione internazionale non avrà grande seguito, ma da questo momento in poi il termine Asse verrà adottato per designare l'alleanza, via via sempre più squilibrata a favore dei tedeschi, tra l'Italia fascista e la Germania nazista.

C'è ancora un passaggio importante nell'intervento del dittatore. Non tanto quello in cui accusa i sovietici di aver dato vita a «un supercapitalismo di Stato» e definisce il sistema da lui instaurato in Italia come «la vera democrazia», dichiarando di voler superare il capitalismo per costruire una più umana «civiltà del lavoro». Il punto cruciale riguarda la presenza nel Mediterraneo della Gran Bretagna – a Gibilterra, a Malta, a Suez – che intralcia le ambizioni di dominio del fascismo.

In fondo, argomenta Mussolini, per gli inglesi questo mare è semplicemente «una scorciatoia» per raggiungere più rapidamente i territori del loro impero bagnati dall'oceano Indiano. Invece, prosegue l'oratore, «per noi italiani» il Mediterraneo «è la vita».

Possiamo accordarci con Londra nel reciproco rispetto, chiarisce il Duce, ma se da parte britannica «si meditasse veramente di soffocare la vita del popolo italiano in quel mare che fu il mare di Roma, ebbene si sappia che il popolo italiano balzerebbe come un sol uomo in piedi pronto al combattimento con una decisione che avrebbe rari precedenti nella storia».

Nell'immediato tali propositi bellicosi non avranno seguito e la politica estera del fascismo resterà per diverso tempo oscillante tra minacce e disponibilità al dialogo. Proprio con la Gran Bretagna, il 2 gennaio 1937, viene concluso il cosiddetto *Gentlemen's Agreement*, con cui le due parti s'impegnano a mantenere immutata la situazione vigente nel riconoscimento dei rispettivi interessi. Ma l'obiettivo strategico di Mussolini traspare nel discorso del 1° novembre: un'alleanza con la Germania per scardinare le posizioni franco-britanniche nel Mediterraneo e trasformarlo in un lago italiano. Ciò esige una guerra, magari di natura «brigantesca», come il Duce ha confidato al gerarca Giuseppe Bottai il giorno prima del discorso di Milano: «Pensa la sorpresa degl'italiani il giorno che si svegliassero e trovassero sui giornali questa notizia: una squadra aerea italiana ha bombardato la squadra navale inglese di Malta». Nel novembre 1940 avverrà il contrario, velivoli britannici colpiranno di sorpresa la flotta italiana a Taranto. Ma non anticipiamo troppo i tempi.

28 settembre 1937

Marciare insieme al Reich

Lo spettacolo è imponente. Ottocentomila persone affollano lo stadio Olimpico di Berlino e i suoi dintorni, il «Campo di maggio», la sera del 28 settembre 1937. La folla accoglie con un fragoroso applauso l'automobile scoperta su cui arrivano sul posto i capi supremi della Germania e dell'Italia: Adolf Hitler e Benito Mussolini. Il Führer ha riservato al suo ospite un'accoglienza trionfale. La prima parte del soggiorno si è svolta a Monaco di Baviera, culla del nazionalsocialismo, poi i due dittatori hanno visitato fabbriche e installazioni militari in giro per il Terzo Reich. Ora a Berlino è il momento dell'apoteosi.

L'aiuto prestato dalla Germania all'Italia durante la guerra d'Etiopia, in barba alle sanzioni economiche decise dalla Società delle Nazioni, e il comune impegno nella guerra di Spagna al fianco dei militari insorti contro la Repubblica hanno cementato il rapporto tra i due regimi. Mussolini si va convincendo che le democrazie occidentali siano profondamente bacate, condannate alla decadenza. E vede in Hitler un potenziale alleato per realizzare i suoi sogni di grandezza.

I due dittatori salgono sul podio, collocato molto in alto in modo che siano ben visibili. Tutt'intorno i riflettori creano un gioco di luci che rende l'atmosfera solenne, quasi mistica. Prende la parola per primo il ministro tedesco della Propaganda Joseph Goebbels, per un breve saluto di presentazione. Poi tocca al Führer, che lusinga il Duce definendolo «uno di quegli uomini solitari che non sono protagonisti della storia, ma che fanno essi stessi la storia». Dichiara inoltre che il suo regime desidera la pace, purché siano garantiti i diritti del popolo tedesco. Infine esalta la «comunità d'idee, ma anche di azione» tra Roma e Berlino.

È la volta di Mussolini, che si è preparato un discorso scritto in tedesco. La folla lo acclama a lungo prima che possa prendere la parola. Il Duce ribadisce che Roma e Berlino vogliono la pace. Poi riassume i tratti che accomunano i due regimi: la fede nella volontà come «forza determinante la vita dei popoli»; l'esaltazione del lavoro, «segno di nobiltà dell'uomo»; la linea «dell'autarchia economica». Con particolare passione il dittatore rievoca le sanzioni decise contro l'Italia dalla Società delle Nazioni e sottolinea che il Terzo Reich non vi ha partecipato: «Non lo dimenticheremo», esclama.

Quindi, mentre la pioggia su Berlino bagna i fogli

che l'oratore ha davanti, rendendo difficoltosa la lettura, Mussolini passa a una dichiarazione fortemente impegnativa: «Il fascismo ha la sua etica, alla quale intende rimanere fedele, ed è anche la mia personale morale: parlare chiaro e aperto e, quando si è amici, marciare insieme sino in fondo». Conclude con una previsione minacciosa quanto azzardata: «L'Europa sarà domani fascista per lo sviluppo logico degli eventi».

I fatti successivi sembrano dare ragione al Duce, ma secondo un indirizzo che vede la Germania come forza trainante e l'Italia a rimorchio del potente alleato. Un primo atto formale, il 6 novembre 1937, è l'adesione del nostro Paese al Patto anti-Comintern, rivolto contro l'Internazionale comunista e sottoscritto l'anno prima da Germania e Giappone. Il ministro degli Esteri Galeazzo Ciano ne è entusiasta: «L'Italia», scrive nel suo diario, «ha rotto l'isolamento: è al centro della più formidabile combinazione politica e militare che sia mai esistita».

Poi però arrivano bocconi più duri da ingoiare. Mentre nel 1934 Roma si era levata a fare da garante dell'indipendenza austriaca, nel marzo 1938 Mussolini assiste senza muovere un dito all'ingresso di Hitler a Vienna, che significa avere il Terzo Reich al confine del Brennero. E più tardi il Duce si ritrova nelle vesti del mediatore alla conferenza di Monaco (29-30 settembre 1938), in seguito alla quale il Terzo Reich, con l'avallo di Londra e Parigi, s'impadronisce dei territori cecoslovacchi abitati in prevalenza da una popolazione di lingua tedesca, i Sudeti. In Italia circola una battuta maligna: «Mussolini cambia la storia, Hitler la geografia». Il Terzo Reich procede inflessibilmente sulla via che conduce alla guerra. E l'Italia si accoda, pur consapevole della propria impreparazione a una prova bellica.

Nel marzo 1939 Hitler straccia gli accordi di Monaco e occupa Praga, riducendo Boemia e Moravia a un protettorato del Reich. Il 22 maggio a Berlino viene siglato un trattato di alleanza con la Germania, il Patto d'Acciaio, che per il nostro Paese è un autentico capestro, in quanto obbliga ciascuno dei due contraenti a intervenire per sostenere con ogni mezzo l'altro nel momento in cui si trovi impegnato in una guerra di qualsiasi genere, anche di aggressione. Ci sono tutti i presupposti per la catastrofe.

18 settembre 1938
La coscienza della razza

Sono le 10 di mattina a Trieste, il 18 settembre 1938, ed è una giornata di sole. La piazza Unità d'Italia è già gremita da una moltitudine che, secondo le cronache dell'epoca, giungerà a contare circa duecentomila persone: in effetti le immagini del cinegiornale Luce, oggi disponibili anche su YouTube, sono impressionanti. D'un tratto il suono di una sirena richiama l'attenzione: dal mare, sul cacciatorpediniere *Camicia nera* scortato da altre navi, sta per approdare nella città giuliana Benito Mussolini. A vent'anni dalla vittoria nella Prima guerra mondiale, il dittatore ha scelto di pronunciare qui un discorso che ritiene di particolare importanza. Sbarcato sul molo, accolto dalle autorità e da un folto schieramento d'onore, si avvia verso l'arengo. Lo introduce il fedele Achille Starace, segretario del Partito fascista, con la formula di rito: «Salutate nel Duce il fondatore dell'impero».

La prima parte del discorso è dedicata alla crisi internazionale determinata dalle rivendicazioni di Adolf Hitler sui Sudeti, le zone della Cecoslovacchia abitate da una popolazione di lingua tedesca. Mussolini afferma che i problemi derivanti dalla compresenza di diverse etnie in uno stesso Stato si devono risolvere mediante appositi plebisciti con cui le nazionalità interessate possano decidere il proprio destino: sa bene che nei Sudeti l'esito di un referendum sarebbe favorevole alla Germania. Comunque, precisa, se dovesse scoppiare un conflitto aperto, «si sappia che il posto dell'Italia è già scelto», al fianco del Terzo Reich.

Poi il Duce passa alla politica interna e a un problema che definisce «di scottante attualità», quello razziale. Il regime ha già varato, dopo la conquista dell'Etiopia, norme che sanciscono una netta separazione – non è improprio parlare di apartheid – tra i colonizzatori bianchi e le genti africane. Poi è cominciata la serie dei provvedimenti volti a censire la presenza degli ebrei in Italia. Il 14 luglio 1938 è stato pubblicato il documento passato alla storia come *Manifesto della razza*, voluto da Mussolini e sottoscritto da dieci scienziati, alcuni anche prestigiosi. Va sottolineato che si tratta di una politica imboccata dall'Italia in piena autonomia, senza alcuna pressione da parte tedesca. All'inizio di settembre sono scattati i primi provvedimenti antisemiti: l'espulsione dal Paese degli ebrei che sono immigrati nel Regno a partire dal 1919 e l'estromissione dalle scuole pubbliche di alunni e insegnanti ebrei. È in preparazione una dichiarazione sulla razza del Gran Consiglio del fascismo, che verrà diffusa il 6 ottobre. Ma intanto il dittatore ha deciso di esporre con chiarezza la sua posizione e di farlo a Trieste, città dove la presenza israelitica è particolarmente significativa.

Innanzitutto il Duce smentisce, con toni di un'asprezza rivelatrice, di essersi ispirato alla legislazione nazista in materia: «Coloro i quali fanno credere che noi abbiamo obbedito a imitazioni, o peggio a suggestioni, sono dei poveri deficienti ai quali non sappiamo se dirigere il nostro disprezzo o la nostra pietà». Il fatto è che nel 1932 Mussolini, nei suoi colloqui con il giornalista tedesco ebreo Emil Ludwig, aveva negato l'esistenza della «razza pura», tessendo le lodi delle «felici mescolanze», da cui «deriva spesso forza e bellezza a una nazione». Ora deve trovare una giustificazione per la svolta. E la individua nelle ricadute dell'impresa etiopica.

«La storia c'insegna che gli imperi», proclama il Duce, «si conquistano con le armi, ma si tengono col prestigio. E per il prestigio occorre una chiara severa coscienza razziale che stabilisca non soltanto delle differenze, ma delle superiorità nettissime». Anche la questione degli ebrei va collegata a queste considerazioni, prosegue Mussolini, tanto più che «l'ebraismo mondiale è stato durante sedici anni, malgrado la nostra politica, un nemico irreconciliabile del fascismo». Per gli ebrei italiani meritevoli verso la patria e il regime, precisa il dittatore, vi saranno «comprensione e giustizia», ma per gli altri si seguirà «una politica di separazione». Il mondo comunque dovrà «stupirsi più della nostra generosità che del nostro rigore», a meno che i semiti e i loro difensori, termina minaccioso, «non ci costringano a mutare radicalmente cammino».

Dopo il discorso, il Duce viene portato a visitare stabilimenti industriali e portuali. Per capire fino a che punto si spinga il culto della sua personalità, si pensi che nelle fondamenta della nuova Casa del Fascio in costruzione, informa il «Corriere della Sera», viene calato «un solido masso» scavato nel luogo che, durante la Prima guerra mondiale, «Benito Mussolini asperse del suo sangue di soldato».

Pochi giorni dopo il Duce partecipa alla conferenza tenuta a Monaco di Baviera, dove in sostanza Francia e Gran Bretagna concedono al Terzo Reich di mutilare la Cecoslovacchia, neppure invitata al consesso. Il despota italiano, che ha indossato per l'occasione le vesti del mediatore non esattamente imparziale, può così vantarsi di aver salvato la pace in Europa.

Ciò non lo distoglie tuttavia dalla campagna razziale. Anzi, nel privato, come risulta dal diario di Clara Petacci, si scaglia furiosamente contro gli ebrei, definendoli «razza spregevole», «veri porci», «carogne, nemici e vigliacchi», «gente schifosa» che deve essere distrutta. L'8 ottobre 1938, conversando con l'amante, sfoga la sua ira nei riguardi del pontefice Pio XI, che un mese prima ha deprecato l'antisemitismo, sottolineando che i cristiani sono «spiritualmente dei semiti». «Tu non sai», esclama Mussolini rivolto a Claretta, «il male che fa questo papa alla Chiesa. Mai papa fu tanto nefasto alla religione come questo. Ci sono cattolici profondi che lo ripudiano. Ha perduto quasi tutto il mondo.» E non c'è da stupirsi, perché Pio XI «fa cose indegne. Come quella di dire che noi siamo simili ai semiti. Come, li abbiamo combattuti per secoli, li odiamo, e siamo come loro».

È un atteggiamento confermato dalle leggi antiebraiche varate in novembre. Quando nello stesso mese in Germania, dopo l'uccisione di un diplomatico tedesco da parte di un ebreo a Parigi, si scatena la terribile «Notte dei cristalli», con atti di persecuzione violenta, un gran numero di morti e centinaia di sinagoghe incendiate, Galeazzo Ciano il 12 novembre 1938 annota nel suo diario: «Trovo il Duce sempre più montato contro gli ebrei. Approva incondizionatamente le misure di reazione adottate dai nazisti. Dice che in posizione analoga farebbe ancora di più».

26 agosto 1939

La lista del molibdeno

Mussolini è in forte imbarazzo, la mattina del 26 agosto 1939. Dopo aver esaltato la guerra infinite volte, gli secca rimanere fuori dalla conflagrazione che incombe sull'Europa. Dopo essersi legato mani e piedi alla Germania di Adolf Hitler con il Patto d'Acciaio, sottoscritto soltanto tre mesi prima il 22 maggio, lo irrita passare per vile, o addirittura per traditore, agli occhi del suo alleato. Ma l'Italia non è assolutamente pronta ad affrontare un conflitto in grande stile contro due potenze dotate di vasti imperi coloniali come la Francia e la Gran Bretagna. Invece il Terzo Reich ha tutte le intenzioni di usare la forza militare per regolare i conti con la Polonia, mentre Londra e Parigi vogliono tutelarne l'indipendenza. Per giunta il 23 agosto il ministro degli Esteri tedesco Joachim von Ribbentrop è volato a Mosca, dove ha concluso un patto di non aggressione con l'Unione

Sovietica che garantisce la Germania dal rischio di dover combattere di nuovo una guerra su due fronti come nel 1914. Lo scontro è imminente e Hitler ha chiesto al Duce di schierarsi al suo fianco. D'altronde il Patto d'Acciaio prevede esplicitamente che ciascuno dei due contraenti, l'Italia e il Terzo Reich, sostenga con tutte le sue forze l'altro qualora fosse impegnato «in complicazioni belliche», senza distinguere tra guerra di difesa e guerra di aggressione.

Il giorno prima Mussolini ha scritto a Hitler: ha approvato il trattato concluso da Ribbentrop con i sovietici, di cui non era stato avvertito, ma ha fatto presente che il suo Paese è per il momento impreparato a un eventuale conflitto. Del resto anche in precedenza, dopo la firma del Patto d'Acciaio, aveva precisato di aver bisogno di tre o quattro anni prima di affrontare una prova così difficile. L'Italia, ha aggiunto il Duce, potrebbe tuttavia intervenire immediatamente se la Germania le fornisse subito «i mezzi bellici e le materie prime per sostenere l'urto» delle forze franco-britanniche. Allora il Führer è andato a vedere il bluff, chiedendo al dittatore fascista di preparare un elenco di quello che gli sarebbe necessario per entrare in guerra.

Così il Duce ha convocato d'urgenza per quella mattina, alle 10, una riunione con i vertici delle forze armate per stilare una lista di richieste che sia abbastanza onerosa da rendere impossibile soddisfarla, in modo da poter giustificare la scelta di non partecipare al conflitto che appare imminente. Il più strenuo sostenitore di questa linea è il ministro degli Esteri Galeazzo Ciano, che dopo una recente visita presso il Führer si è convinto dell'inaffidabilità dei nazisti, decisi a perseguire la loro politica espansionistica senza alcun riguardo per gli alleati. «Torno a Roma», ha scritto nel suo diario il 13 agosto, «disgustato della Germania, dei suoi Capi, del loro modo di agire. Ci hanno ingannato e mentito. E oggi stanno per tirarci in un'avventura che non abbiamo voluta e che può compromettere il Regime e il Paese».

Alla riunione di Palazzo Venezia, oltre allo stesso Ciano, partecipano i capi di stato maggiore dell'esercito, Alberto Pariani, della Marina, Domenico Cavagnari, e dell'Aeronautica, Giuseppe Valle, più il ministro delle Comunicazioni, Antonio Stefano Benni. I tre comandanti sono anche sottosegretari, in quanto Mussolini tiene per sé i ministeri della Guerra, della Marina militare e dell'Aeronautica. È stato convocato anche il generale Carlo Favagrossa, che presiede il comitato per la mobilitazione civile. Prima che il gruppo faccia il suo ingresso nella stanza del Duce, Ciano catechizza i militari, intimando loro di «dire la verità sullo stato delle scorte, non fare – come spesso avviene – del criminale ottimismo».

Che le forze armate italiane siano in difficoltà sul piano delle dotazioni è indubbiamente vero, poiché si sente il peso delle logoranti campagne in Etiopia e in Spagna. E di certo il Paese è povero di materie prime. Ma la lista compilata quel giorno risulta chiaramente gonfiata ad arte, «tale da uccidere un toro, se potesse leggere», come scrive Ciano nel suo diario. Mussolini domanda a Hitler sette milioni di tonnellate di petrolio, sei milioni di tonnellate di carbone, due milioni di acciaio, 150 mila di rame. E non mancano le richieste di metalli rari: 600 tonnellate di molibdeno, 600 di tungsteno, 400 di titanio, 20 di zirconio. L'ambasciatore italiano in Germania, Bernardo Attolico, la definirà ironicamente «lista del molibdeno».

Proprio ad Attolico, nel pomeriggio del 26 agosto, tocca consegnare a Hitler il messaggio del Duce. Il Führer non si scompone. Risponde che comprende la posizione dell'Italia e si limita a chiedere che la nazione alleata sostenga la Germania con «un'attiva propaganda» ed effettui «adeguate dimostrazioni militari» per indurre francesi e britannici a mantenere impegnate forze consistenti lontano dai confini del Reich. Però con i suoi il dittatore tedesco si sfoga con «parole molto dure» verso l'Italia, ma non verso Mussolini. Quest'ultimo in effetti vive la situazione con estremo disagio. Riferisce Ciano nel suo diario: «Il Duce è veramente sconvolto: il suo istinto militare e il suo senso dell'onore lo portavano al combattimento. La ragione lo ha fermato. Ma molto ne soffre».

D'altronde il dittatore è ben consapevole del fatto che gli italiani vedono come fumo negli occhi la prospettiva di una nuova e di gran lunga più rischiosa avventura bellica dopo l'Etiopia e la Spagna. Lo confida all'amante Clara Petacci il 27 agosto: «Questo popolo non vuole la guerra e si raccomanda a me con il suo silenzio e la sua calma». Al tempo stesso immagina di poter ancora svolgere un ruolo di protagonista sulla scena internazionale: «Da tutte le parti del mondo mi scrivono perché io faccia da mediatore».

Il 1° settembre 1939 l'esercito tedesco invade la Polonia. Mentre Londra e Parigi si preparano allo scontro con la Germania, a Roma si riunisce il Consiglio dei ministri, che esprime l'intenzione di rimanere fuori della mischia. Mussolini, che non vuol sentir parlare di neutralità, inventerà per l'occasione la formula ambigua della «non belligeranza». Significa che l'Italia rimane alleata del Terzo Reich pur senza seguirlo nell'impresa militare.

Il 2 settembre il Duce tenta disperatamente di improvvisare una mediazione fra i contendenti attraverso una conferenza internazionale. Hitler, racconta Ciano, «non rifiuta aprioristicamente la proposta». Ma i britannici esigono come condizione preliminare che i tedeschi si ritirino dalle zone di territorio polacco che hanno nel frattempo occupato. Una richiesta irricevibile per il Führer. Così il 3 settembre Francia e Gran Bretagna dichiarano guerra alla Germania. Il secondo conflitto mondiale è cominciato e l'Italia non vi partecipa. Tutto il Paese ne gioisce, tranne Mussolini.

10 giugno 1940
In soccorso del vincitore

Si combatte in Europa da oltre nove mesi quando Benito Mussolini si affaccia dal balcone di Palazzo Venezia, intorno alle 18 del 10 giugno 1940. L'Italia è rimasta fuori dalla guerra, con grande cruccio del Duce, ma ora ci sono tutte le condizioni per entrarvi. Le armate degli alleati tedeschi, dopo aver schiacciato la Polonia e invaso a tradimento Danimarca e Norvegia, sono penetrate in Belgio e in Olanda, altri Paesi neutrali, e stanno dilagando in Francia. Il corpo di spedizione britannico è stato costretto a riattraversare la Manica, incalzato dai carri armati di Adolf Hitler. Parigi cadrà nelle mani della Wehrmacht germanica dopo soli quattro giorni, il 14 giugno 1940.

A questo punto aspettare significherebbe autoescludersi dalla spartizione di un bottino che si annuncia copioso. Certo, Mussolini sa che le forze armate italiane sono drammaticamente impreparate a un conflitto di lunga durata contro nemici potenti. E lo ha fatto presente a Hitler nell'agosto del 1939, quando il despota tedesco gli ha chiesto di intervenire al suo fianco come avrebbe imposto il Patto d'Acciaio che vincola i due Paesi. Ma ora la situazione è completamente cambiata: la guerra lampo della Germania ha messo in ginocchio la Francia, mentre la Gran Bretagna appare in netta difficoltà. Come non approfittare della situazione per allargare l'influenza italiana nel Mediterraneo, dove gli inglesi controllano Gibilterra, Malta e il canale di Suez?

Il Duce, in un memoriale segretissimo datato 31 marzo 1940, ha esposto il suo progetto di «guerra parallela». Mentre il Terzo Reich si espande nell'Europa settentrionale, l'Italia – secondo il dittatore – potrà fare altrettanto nei Balcani e nel Nord Africa. L'occupazione incruenta dell'Albania, portata a termine facilmente nell'aprile 1939, è un primo passo verso quell'obiettivo. Il sogno del Duce è rinnovare i fasti dell'Impero romano, anche se il progetto mette gravemente a rischio proprio quell'impero che l'Italia ha conquistato nel 1936 in Africa orientale, circondato da possedimenti britannici.

Accolto dal boato della folla che si è radunata per ascoltare il suo discorso, Mussolini comincia con l'annuncio tanto atteso. Batte nel cielo della patria, esclama, «l'ora delle decisioni irrevocabili. La dichiarazione di guerra è già stata consegnata agli ambasciatori di Gran Bretagna e di Francia». Ha provveduto suo genero, il ministro degli Esteri Galeazzo Ciano, a compiere il passo formale verso le 16.30. Lo ha fatto con qualche esitazione, dopo aver cercato per mesi di evitare l'intervento dell'Italia al fianco della Germania: teme i tedeschi e la loro arroganza, non li considera alleati affidabili.

Per lo stesso Mussolini non è facile motivare la scelta fatale. Sostiene che «le democrazie plutocratiche e reazionarie dell'Occidente» avrebbero «insidiato l'esistenza medesima del popolo italiano», ma non può portare a suffragio di questa affermazione nient'altro che «l'ignobile assedio societario di cinquantadue Stati», cioè le sanzioni applicate contro il nostro Paese nel 1935 per l'invasione dell'Etiopia, ormai scadute e superate da tempo.

La verità è che non ci sono ragioni plausibili per entrare in guerra, se non la volontà di onorare l'impegno assunto con Hitler attraverso il Patto d'Acciaio. Ma allora bisognava farlo nel settembre 1939, quando le ostilità sono cominciate. Adesso il Duce non fa altro che correre in soccorso del probabilissimo vincitore. Quindi cerca di nascondere la poco gloriosa realtà con la retorica, esaltando «la lotta dei popoli poveri e numerosi di braccia contro gli affamatori che detengono ferocemente il monopolio di tutte le ricchezze e di tutto l'oro della Terra».

Infine Mussolini lancia la parola d'ordine «categorica e impegnativa per tutti», cioè «vincere». La folla esplode in un'ovazione assordante, ma la realtà del conflitto s'incaricherà presto di smentire tanta prosopopea bellicosa. Per vincere ci vogliono i mezzi, la determinazione, i piani operativi, idee chiare sui traguardi da perseguire. E l'Italia è carente sotto ogni punto di vista.

Basteranno pochi mesi per far cadere le illusioni. La breve offensiva sulle Alpi contro una Francia ormai sconfitta dai tedeschi non dà alcun risultato apprezzabile. E la speranza di poter mettere le mani sui possedimenti coloniali di Parigi in Nord Africa tramonta rapidamente, perché Hitler non vuole penalizzare troppo il governo collaborazionista del maresciallo Philippe Pétain, che s'insedia a Vichy, piccola città termale nel centro della Francia. L'attacco proditorio contro la Grecia, che scatta il 28 ottobre 1940, si risolve presto in un disastro, con le forze elleniche che respingono l'offensiva e avanzano in territorio albanese. Per via di questo fallimento, il 26 novembre il capo di stato maggiore generale Pietro Badoglio, attaccato violentemente sulla stampa dal gerarca fascista Roberto Farinacci, rassegna le dimissioni e viene sostituito il 4 dicembre 1940 da Ugo Cavallero. Poco dopo in Egitto i britannici travolgono le forze al comando del maresciallo Rodolfo Graziani, occupando nel febbraio del 1941 tutta la Cirenaica. In marzo nel Corno d'Africa i britannici prendono, dopo aspri combattimenti, la piazzaforte di Keren e si aprono la via per Addis Abeba, mentre il duca Amedeo d'Aosta, viceré d'Etiopia, si ritira sull'Amba Alagi.

Poco più di sei mesi dopo il discorso dal balcone di Palazzo Venezia, la situazione appare quasi disperata. Mussolini, conversando con Ciano, cerca di negare le sue responsabilità, se la prende con la «mediocre razza italiana» e con i militari incompetenti: «È il materiale umano con cui lavoro che non serve, che non vale». Sta di fatto che l'obiettivo della «guerra parallela» è naufragato, per cui non resta che ricorrere all'aiuto dei tedeschi. Il 20 novembre 1940 Hitler rimprovera il suo omologo italiano, in una lettera, di aver attaccato la Grecia senza avvertirlo, ma nei successivi colloqui del 19 e del 20 gennaio 1941 a Berchtesgaden, sua residenza sulle Alpi bavaresi, il dittatore nazista si mostra cordiale e disponibile verso il Duce. Dunque la Germania interverrà militarmente contro la Grecia e manderà truppe in Libia per soccorrere l'alleato in difficoltà. Mussolini può tirare un sospiro di sollievo, ma ne esce più umiliato che rinfrancato.

22 giugno 1941
Uno squillo nella notte

A Riccione, la località balneare sulla costa romagnola dove trascorre le vacanze estive, Benito Mussolini dorme tranquillo verso le tre di notte del 22 giugno 1941. Ma a un tratto lo squillo del telefono squarcia il silenzio. È il ministro degli Esteri Galeazzo Ciano, al quale Otto von Bismarck, nipote dell'omonimo statista tedesco e consigliere dell'ambasciata di Germania a Roma, ha appena consegnato un importante messaggio di Adolf Hitler. Il Führer annuncia al Duce che il suo esercito, proprio in quelle ore, sta invadendo l'Unione Sovietica per schiacciare il «bolscevismo giudaico». Non è un fulmine a ciel sereno, perché già da molti giorni diversi segnali indicavano l'imminenza di un'operazione militare a est. Sta di fatto, però, che nel recente incontro tra i due dittatori al Brennero, il 2 giugno, Hitler non ha avvertito Mussolini di questa sua intenzione a breve scadenza, limitandosi a evidenziare l'esigenza di affrontare la questione russa. Invece lo ha sommerso di considerazioni sulla guerra sottomarina nell'Atlantico e sull'atteggiamento di Paesi neutrali come la Spagna, la Svizzera e la Turchia. Per il Duce è una cocente umiliazione. Dirà una settimana dopo a Ciano: «Io non oso, di notte, disturbare i servitori e i tedeschi mi fanno saltare dal letto senza il minimo riguardo».

D'altronde l'andamento della guerra è tale da aver ridotto l'Italia al più supino vassallaggio nei riguardi del Terzo Reich. La tentata invasione della Grecia si è risolta in un disastro e solo l'intervento militare tedesco ha consentito di piegare gli ellenici. In Africa orientale il tanto esaltato impero si è dissolto come neve al sole sotto i colpi dei britannici e il 5 maggio 1941 il negus Hailé Selassié è rientrato trionfalmente ad Addis Abeba. In Libia, dopo la rovinosa disfatta subita dal maresciallo Rodolfo Graziani a cavallo tra il 1940 e il 1941 per mano delle forze del Commonwealth, solo l'arrivo dalla Germania dell'Afrikakorps, al comando del generale Erwin Rommel, ha riequilibrato la situazione. Anche la marina italiana ha subito un colpo tremendo nel novembre 1940, quando tre corazzate sono state messe fuori combattimento da un'incursione di aerosiluranti nemici nel porto di Taranto. Insomma, Mussolini non ha nulla da rivendicare nei riguardi degli alleati nazisti, anzi li deve solo ringraziare per l'aiuto prezioso ricevuto in una situazione di autentica emergenza.

Tra l'altro il messaggio di Hitler del 22 giugno, nel

quale il dittatore tedesco illustra le motivazioni che lo hanno indotto a infrangere il patto di non aggressione stipulato nel 1939 con l'Urss (in primo luogo la necessità di mostrarsi coerente con il suo antico e irriducibile anticomunismo), non contiene alcun accenno a un'eventuale partecipazione italiana alla campagna militare appena avviata, detta «operazione Barbarossa». Anzi, da quanto scrive il Führer, osserva Ciano nel suo diario, «è facile capire che ne farebbe a meno volentieri». Per Mussolini invece è un punto d'onore inviare un proprio contingente in Russia. Si vanta da sempre di aver fermato l'avanzata del bolscevismo in Europa dopo la rivoluzione d'Ottobre e per lui non sarebbe dignitoso restare con le mani in mano mentre i tedeschi puntano su Mosca. Quindi convoca immediatamente a Riccione il capo di stato maggiore generale delle forze armate, Ugo Cavallero, per verificare come allestire un corpo di spedizione incaricato di fiancheggiare l'avanzata dei nazisti. Intanto Ciano a Roma cerca di primo mattino l'ambasciatore sovietico per consegnargli la dichiarazione di guerra. Riesce a vederlo solo a mezzogiorno e mezzo, annota nel suo diario, «poiché lui, e con lui tutto il personale di Ambasciata, se n'era andato candidamente a fare un bagno a Fregene».

L'atteggiamento del Duce verso la guerra contro l'Urss ha un grosso margine di ambiguità. Da una parte vuole partecipare allo scontro, anche nella prospettiva di assicurarsi una fetta delle materie prime di cui è straordinariamente ricco il suolo sovietico:

quasi tutti in Italia, nell'estate del 1941, sono convinti che l'Armata rossa di Iosif Stalin non sia in grado di resistere a lungo, dopo la cattiva prova di sé che ha dato nella guerra contro la Finlandia tra il 1939 e il 1940. Inoltre, una volta sconfitta l'Urss, la Gran Bretagna, pensa Mussolini, non avrà più potenziali alleati nell'Europa continentale e si troverà con l'acqua alla gola nel Mediterraneo. Al tempo stesso il Duce spera che la guerra nelle sterminate pianure sovietiche si riveli difficile per le forze del Terzo Reich, in modo da rendere meno schiacciante la prevalenza di Berlino all'interno dell'Asse. Ha detto a Ciano il 6 giugno 1941, a proposito dei segnali che preannunciavano l'operazione Barbarossa: «Non mi dispiacerebbe affatto che la Germania nello scontro con la Russia perdesse molte penne».

La realtà dei fatti andrà ben oltre questo auspicio e il Terzo Reich uscirà distrutto dal conflitto con l'Urss, ma «molte penne», anzi moltissime, saranno perdute anche dall'Italia, che vuole a ogni costo battersi al suo fianco contro il comunismo. Il 23 giugno Mussolini scrive a Hitler approvando in pieno l'aggressione e sottolineando che l'Italia «non può rimanere assente dalla lotta». Il 26 a Verona il dittatore passa in rivista le prime truppe destinate a costituire il Csir, Corpo di spedizione italiano in Russia. Ciano nel suo diario si dice preoccupato «di un diretto confronto tra le nostre forze e quelle germaniche». E aggiunge: «Non vorrei che ancora una volta dovessimo fare la figura del parente povero».

Si tratta di una previsione fondata, anche se bisogna dire che durante il primo anno in Russia i militari italiani, al comando del generale Giovanni Messe, se la cavano abbastanza bene. Nell'estate del 1942, anche su sollecitazione dei tedeschi che sono stati respinti nell'inverno precedente alle porte di Mosca, Mussolini triplicherà le forze impegnate contro l'Urss: dai 62 mila uomini del Csir si passa ai 200 mila dell'Armata italiana in Russia (Armir), sotto la guida del generale Italo Gariboldi. Tutto avviene però all'insegna dell'improvvisazione, senza fornire ai soldati l'equipaggiamento necessario per combattere nelle condizioni climatiche avverse dell'inverno sovietico. Si arriva al paradosso per cui gli alpini, truppe da montagna, vengono impiegati per presidiare il fiume Don, in mezzo a una pianura sconfinata. L'esito sarà tragico, con il completo annientamento dell'Armir tra il dicembre 1942 e il gennaio 1943.

23 luglio 1942

Sotto la maschera

Nei primi due giorni dopo il suo ritorno dalla lunga visita compiuta in Nord Africa e in Grecia nell'estate del 1942, Benito Mussolini ha ostentato un forte ottimismo sull'andamento delle operazioni belliche. Ha detto al genero e ministro Galeazzo Ciano di aver lasciato il suo bagaglio in Libia nella certezza che tra poche settimane le truppe dell'Asse avranno la meglio sull'8ª armata britannica e dilagheranno fino al canale di Suez. Allora lui potrà volare di nuovo sulla sponda meridionale del Mediterraneo ed entrare da trionfatore ad Alessandria d'Egitto, magari brandendo la spada dell'Islam che gli ha donato un fedele capo berbero nel 1937. È il sogno che fino adesso non ha potuto realizzare, ma c'è ancora tempo.

Il 23 luglio, però, di nuovo a colloquio con il ministro degli Esteri, il Duce butta la maschera, come scrive nel suo diario Ciano, e manifesta una profonda insoddisfazione. Innanzitutto è adirato con i militari che «lo hanno esposto alla brutta figura di andare al fronte in momenti poco felici». Gli hanno assicurato che la vittoria definitiva era vicina e lui è partito baldanzoso il 29 giugno. Sul posto, tuttavia, è rimasto deluso, perché si è trovato a constatare che le forze dell'Asse stanno segnando il passo. Certo, gli italo-tedeschi nella prima metà del 1942 hanno inflitto duri colpi al nemico, fino a conquistare di slancio il porto libico di Tobruk, che i britannici avevano trasformato in piazzaforte, e a penetrare profondamente in Egitto. Ma poi l'offensiva si è esaurita, perché le truppe sono stremate ed è diventato più difficile rifornirle con l'allungarsi delle linee di approvvigionamento.

Peraltro i successi ottenuti sul campo sono in netta prevalenza merito del generale tedesco Erwin Rommel, detto «la volpe del deserto» per le sue grandi capacità tattiche. Un tedesco che non ama i generali italiani e che non si è degnato neppure di incontrare il Duce durante la sua permanenza di tre settimane in Nord Africa. Aveva altro da fare in prima linea. Adolf Hitler, dopo la presa di Tobruk, ha premiato Rommel con la nomina a feldmaresciallo. E Mussolini, per non essere da meno, ha promosso al grado di maresciallo Ugo Cavallero, il capo di stato maggiore generale delle forze armate italiane, che certo non meritava altrettanto un simile onore. «Dovrò nominare altri marescialli», dice il dittatore a Ciano con evidente sarcasmo, «e non escludo anche Navarra, il mio usciere.» Il riferimento è a Quinto Navarra, fedele servitore del Duce che nel 1946, con l'ausilio di Leo Longanesi e Indro Montanelli, firmerà un libro di notevole successo, *Memorie del cameriere di Mussolini*.

La verità è che c'è poco da essere ottimisti, anche perché l'11 dicembre 1941, quattro giorni dopo l'attacco a sorpresa da parte dei giapponesi alla base navale americana di Pearl Harbor, nelle isole Hawaii, Mussolini e Hitler hanno dichiarato guerra agli Stati Uniti. E ora la poderosa macchina industriale messa in moto a pieno regime dal presidente Franklin Delano Roosevelt alla Casa Bianca sta assicurando ai nemici dell'Asse una sempre più schiacciante superiorità in fatto di mezzi bellici.

Ciò nonostante, le vittorie in Nord Africa hanno momentaneamente rilanciato il consenso della popolazione verso il regime fascista. Un rapporto di polizia della fine di giugno parla di «spiriti acquietati e tranquillizzati, rinascere di fiducia, rifiorire di speranze». Del resto anche dalla Russia giungono notizie confortanti: i tedeschi sono ormai nei dintorni di Stalingrado, sul fiume Volga, e avanzano verso il Caucaso, con l'obiettivo di raggiungere i preziosi giacimenti di petrolio dell'Azerbaigian sovietico. Solo che si tratta appunto di successi del Terzo Reich, mentre l'Italia va a rimorchio. E Mussolini mastica amaro.

Il giorno dopo, 24 luglio 1942, il Duce si sfoga nuovamente con Ciano per lo scarso conto in cui viene tenuto da Berlino l'apporto italiano allo sforzo bellico. C'è poco da fare, la Germania comanda il gioco e tutti se ne rendono conto. «Il popolo», osserva il Duce indispettito conversando con il genero, «si domanda ormai quale tra i due padroni – l'inglese o il tedesco – sia da preferire». Chissà, forse lui stesso si sta pentendo di aver scelto il padrone di gran lunga peggiore, illudendosi di spodestare l'altro dal dominio del Mediterraneo. Le ambizioni eccessive si pagano.

Comunque nel successivo Consiglio dei ministri, tenutosi l'11 agosto, Mussolini torna a calarsi la maschera sul viso. E si mostra, annota Ciano, «più che mai ottimista nelle previsioni del domani». Secondo il Duce, le potenze anglosassoni «non hanno alcuna seria possibilità di azioni offensive». Raramente, è il caso di dire, una prognosi si è dimostrata così errata. Anche Giuseppe Bottai, ministro dell'Educazione nazionale, rimane impressionato dalla sicurezza del dittatore. E scrive nel suo diario: «Lo ammiro: chiaro, lucido, illuminato dalla sua portentosa memoria, abile nel cogliere quei rapporti tra le cose, in cui propriamente consiste il segreto d'una determinata situazione politica, scintillante e arguto». Tuttavia Bottai, la mente critica più acuta del regime, ritiene che la maggior parte di tanta energia vada dispersa, perché Mussolini è «un uomo che non crea un sistema se non personale». E poi c'è quel vizio di scaricare sul popolo le colpe per l'andamento insoddisfacente della guerra. Un'abitudine che riemerge nel modo in cui il Duce, riferisce ancora il ministro dell'Educazione, cataloga gli italiani: «300 mila tra eroi e santi, che sono i soldati che si battono in Marmarica, in Russia, in Croazia, sublimi; 1 milione di imboscati, più o meno decentemente, ma imboscati; 5 milioni di individui, appartenenti alle categorie economiche, che non pensano che a frodare la comunità, a evadere le leggi dello Stato, con un lusso di fantasia che ha dell'incredibile».

Tutta la sua fiducia è riposta quindi nei militari al fronte, che però non possono fare miracoli, mal equipaggiati come sono, dinnanzi a un nemico soverchiante in ogni aspetto. Nell'autunno del 1942 a El Alamein, in Egitto, le forze dell'Asse subiranno una pesante sconfitta per mano dell'8ª armata britannica e saranno costrette a ritirarsi nel deserto. È l'inizio della fine per la presenza fascista in Africa. Poi toccherà all'Italia.

25 luglio 1943
Addio al regime

Sono passate da poco le due di notte del 25 luglio 1943. Il Gran Consiglio del fascismo, organo supremo del regime, è riunito da quasi dieci ore per discutere della insostenibile situazione in cui si trova l'Italia dal punto di vista politico e militare. Il 10 luglio gli anglo-americani sono sbarcati in Sicilia e il 22 hanno preso Palermo, mentre il 19 Roma è stata pesantemente bombardata dall'aviazione alleata, che ha fatto un gran numero di vittime.

Lo stesso 19 luglio Benito Mussolini ha incontrato Adolf Hitler nei pressi di Feltre (Belluno) e ha cercato di convincerlo a trattare la pace separata con l'Unione Sovietica per volgere tutte le forze dell'Asse nel Mediterraneo, contro gli anglo-americani. Ma il dittatore tedesco non ha minimamente ascoltato il Duce, anzi lo ha sommerso con le sue prolisse recriminazioni circa lo scarso spirito combattivo dimostrato dai militari italiani nel corso della guerra.

Ora Mussolini appare stanco, sfiduciato. La stessa decisione di convocare il Gran Consiglio, assunta su pressione dei gerarchi, dimostra la sua profonda debolezza: l'ultima volta che quell'organismo si è riunito risale al 1939, quando l'Italia non era ancora entrata in guerra. Nel corso del conflitto il Duce ne ha fatto a meno, perché bastava lui a decidere tutto, senza bisogno di inutili discussioni e scontate ratifiche. Solo che nel frattempo il regime ha subito colpi durissimi, perdendo la maggior parte della sua popolarità.

Durante la seduta sono stati presentati tre ordini del giorno. Il più importante reca come prima firma quella di Dino Grandi, presidente della Camera dei Fasci e delle Corporazioni che ha sostituito quella dei deputati, un personaggio abile e accorto sotto il profilo politico: il documento chiede che il re riprenda il comando supremo delle forze armate operanti, delegato al Duce all'inizio del conflitto, e riassuma la «suprema iniziativa di decisione» assegnatagli dallo Statuto, la costituzione del Regno. Di fatto si propone di mutare gli equilibri interni al regime, ridimensionando la figura di Mussolini. C'è poi un ordine del giorno presentato da Roberto Farinacci, esponente del fascismo estremista e filotedesco, che fa anch'esso appello al re, ma sottolinea la necessità di mantenere l'«osservanza delle alleanze concluse» con il Terzo Reich e il Giappone. Infine l'ordine del giorno presentato da Carlo Scorza, segretario del Partito fascista, parla genericamente di «riforme e innovazioni da adottare».

Mussolini, come ha sottolineato lo storico Emilio Gentile ricostruendo gli eventi, avrebbe molti modi di evitare la resa dei conti. Potrebbe rinviare la seduta del Gran Consiglio oppure non mettere in votazione l'ordine del giorno Grandi. Nulla gli impedirebbe di presentare una propria risoluzione e di chiedere il voto su di essa, mettendo apertamente il suo prestigio sul piatto. Purtroppo della riunione non viene tenuto alcun verbale, il che rende difficile stabilire esattamente come andarono le cose, tanto più che le versioni fornite dai protagonisti risultano contraddittorie.

Sta di fatto comunque che Mussolini sottopone al giudizio dei gerarchi il documento di Grandi, che viene approvato con diciannove voti a favore, otto contrari, un astenuto. Si pronunciano per il sì Giuseppe Bottai, ex ministro delle Corporazioni e dell'Educazione nazionale; i due quadrumviri superstiti della marcia su Roma, Cesare Maria De Vecchi ed Emilio De Bono; l'ex nazionalista Luigi Federzoni; perfino il genero di Mussolini ed ex ministro degli Esteri, ora ambasciatore presso la Santa Sede, Galeazzo Ciano.

In un clima di forte tensione Mussolini, sofferente per i suoi problemi di ulcera, dichiara che gli altri ordini del giorno decadono. Il rituale saluto al Duce con cui termina la riunione suona surreale. Tutti avvertono che una fase storica si sta chiudendo, ma nessuno ha le idee chiare su che cosa possa succedere. Il caso più clamoroso è Tullio Cianetti, che poche ore dopo scrive una lettera al dittatore per ritrattare il voto a favore del documento approvato: una mossa che gli eviterà la condanna a morte sotto la repubblica di Salò.

Nella mattinata del 25 luglio 1943 Mussolini cerca Grandi, che non si fa trovare. Incontra però altri gerarchi, tra cui Scorza e il comandante della Milizia Enzo Galbiati. Con loro si mostra calmo, sicuro di sé, rifiuta l'ipotesi di far arrestare coloro che hanno votato per l'ordine del giorno Grandi. Mostra di ritenere che il re continuerà a collaborare con lui. Ma l'esito del Gran Consiglio ha fatto scattare il piano di destituzione del Duce che i militari e il monarca andavano preparando da qualche tempo di fronte alla situazione bellica disperata.

Intorno alle 17 Mussolini si reca a Villa Savoia per incontrare Vittorio Emanuele III. E qui le sue speranze crollano. Il sovrano lo informa che ha deciso di sostituirlo con il maresciallo Pietro Badoglio, silurato nel 1940 dalla carica di capo di stato maggiore generale per via del pessimo andamento delle operazioni sul fronte greco-albanese. Pare che il re abbia detto all'ormai ex dittatore: «In questo momento voi siete l'uomo più odiato d'Italia». Terminata l'udienza, Mussolini è avvicinato da un ufficiale dei carabinieri, che lo invita a seguirlo. Caricato su un'autoambulanza, viene condotto in una caserma dell'Arma. La sera del 25 luglio Badoglio annuncia alla radio di aver assunto la guida del governo e aggiunge che «la guerra continua». Sono parole in perfetta malafede, perché è evidente che il suo compito è trattare la resa con gli anglo-americani. E i tedeschi lo sanno benissimo, tant'è vero che, mentre gli italiani festeggiano in piazza la caduta del regime nella speranza che si arrivi presto alla pace, Hitler prospetta un intervento militare immediato. Ma per il momento viene deciso soltanto di far affluire nuove truppe in Italia, pronte a ogni evenienza.

Verso l'una di notte del 26 luglio Mussolini riceve una lettera di Badoglio, che sostiene di averlo fatto arrestare solo per garantirne l'incolumità. Il prigioniero risponde subito con deferenza e augura al maresciallo di avere successo nel compito affidatogli dal re, del quale, scrive il fondatore dei Fasci, «durante ventuno anni sono stato leale servitore e tale rimango». Poi l'ex dittatore viene trasferito sull'isola di Ponza, dove sono confinati parecchi antifascisti, tra i quali anche il suo ex compagno di lotta Pietro Nenni, un tempo repubblicano ma da molti anni leader socialista, che lo avvista da lontano con un cannocchiale. E annota nel suo diario: «Scherzi del destino! Trent'anni fa eravamo in carcere insieme legati da un'amicizia che pareva dover sfidare il tempo e le tempeste della vita, basata come era sul comune disprezzo della società borghese e della monarchia. Oggi eccoci entrambi confinati nella stessa isola: io per decisione sua, lui per decisione del re e delle camarille di corte, militari e finanziarie».

12 settembre 1943

In balia dei nazisti

Nel primo pomeriggio del 12 settembre 1943, Mussolini è un uomo allo stremo. La notte precedente ha tentato addirittura di togliersi la vita tagliandosi le vene dei polsi con una lametta da barba, ma i carabinieri che lo sorvegliano glielo hanno impedito. Si trova in un albergo a Campo Imperatore, isolata località abruzzese sul Gran Sasso, a oltre duemila metri di altezza sul livello del mare, raggiungibile solo attraverso una funivia. Dopo un breve soggiorno a Ponza, il 7 agosto è stato trasferito sull'isola della Maddalena, in Sardegna, e da qui, a fine agosto, in Abruzzo. Il 2 settembre è arrivato dove è alloggiato adesso, in attesa di conoscere il suo destino.

Nel frattempo lo Stato è crollato. Il 3 settembre a Cassibile, presso Siracusa, il generale Giuseppe Castellano ha firmato l'armistizio con gli anglo-americani a nome del governo. Ma Badoglio ha esitato a rendere nota la resa e non ha fatto nulla per fronteggiare la prevedibile reazione tedesca. Così la notizia è stata diffusa l'8 settembre dal comandante alleato Dwight Eisenhower (futuro presidente degli Stati Uniti) e il primo ministro italiano non ha potuto far altro che confermarla alla radio. L'indomani il re e la famiglia, Badoglio e altri alti papaveri sono fuggiti dalla capitale, hanno raggiunto Pescara e poi Brindisi, mentre gli anglo-americani sbarcavano a Salerno. I tedeschi non si sono fatti cogliere alla sprovvista: si sono opposti validamente agli Alleati e hanno preso possesso di tutta l'Italia centro-settentrionale, Roma compresa. Il fronte si stabilizzerà presso Cassino.

Mussolini, che ha appreso per radio la notizia della resa, teme di finire nelle mani degli odiati inglesi. Deriva da questo il suo maldestro tentativo di suicidio. In effetti una clausola armistiziale prevedeva la consegna del Duce agli Alleati, ma Badoglio non ha fatto nulla per adempierla. Anzi, il capo della polizia Carmine Senise, che teme i nazisti, ha dato ordine ai carabinieri stanziati a Campo Imperatore di non opporre resistenza in caso di raid tedesco. Così, quando sulla spianata di fronte all'albergo cominciano ad atterrare gli alianti, verso le 14 del 12 settembre 1943, i militari italiani non reagiscono. L'ispettore generale di polizia Giuseppe Gueli, che comanda il presidio, stava tranquillamente schiacciando un pisolino. L'azione, che i nazisti hanno preparato da tempo dopo aver appreso dai loro informatori il luogo di prigionia di Mussolini, riesce perfettamente.

A entrare nell'albergo per primo è il capitano austriaco delle SS Otto Skorzeny, un pezzo d'uomo alto quasi due metri, audace quanto vanaglorioso. Raggiunge la stanza di Mussolini, che si è sporto dalla finestra, e gli si rivolge in modo enfatico. Più tardi arriva anche il comandante della spedizione, il maggiore dei paracadutisti Harald-Otto Mors, salito a Campo Imperatore dalla stazione della funivia di cui i suoi uomini si sono impadroniti a valle, uccidendo due militari italiani. Il capo dei parà tedeschi scriverà nel dopoguerra di aver provato «un senso di pietà» verso il Duce, sul viso del quale si leggevano i «segni della delusione e della sofferenza». Quando gli chiedono di uscire per consentire di riprenderlo meglio al fotografo Toni Schneiders, che Skorzeny si è portato dietro, Mussolini risponde stancamente in tedesco: «Fate di me quello che volete». Negli scatti di quella giornata ha in volto un sorriso forzato.

Skorzeny, ben deciso a prendersi il merito dell'impresa, esige di salire anche lui sul piccolo aereo Fieseler Storch che deve portare via Mussolini. L'esperto pilota Heinrich Gerlach cerca di opporsi, ma invano: così sul biposto partono in tre. Per dare più slancio al velivolo, alcuni soldati lo trattengono per la coda e per le ali fino a quando i motori non sono a pieno regime. Poi l'apparecchio decolla a fatica dal prato adiacente all'albergo, riportando qualche danno al carrello. Alle 17 atterra a Pratica di Mare, da dove il Duce è imbarcato su un altro aereo per Vienna. Viene trasferito il giorno dopo a Monaco e nella città bavarese riabbraccia la famiglia. Il 14 settembre 1943 raggiunge Hitler nella «Tana del lupo», il suo quartier generale di Rastenburg, nella Prussia orientale (oggi Ketrzyn, in Polonia).

Qui i due dittatori hanno un colloquio su cui non vi sono testimonianze attendibili. Durante la sua prigionia Mussolini, stanco e sfiduciato, ha manifestato l'intenzione di abbandonare la vita pubblica e ritirarsi in Romagna, ma ora la situazione lo costringe a tornare in gioco. Hitler vuole che nasca un governo fascista in Italia e il capo non può essere che il Duce, per il quale del resto sarebbe terribilmente umiliante vedere la sua creatura risorgere sotto la guida di qualcun altro. Senza dubbio sa che la guerra è perduta, è consapevole che a comandare saranno comunque i tedeschi, ma non vede come tirarsi indietro. Probabilmente è animato anche da un desiderio di rivalsa nei confronti di coloro che ritiene l'abbiano tradito.

Il 15 settembre 1943 Radio Monaco comunica che Mussolini ha ripreso il suo posto alla guida del fascismo e ha nominato segretario del partito, divenuto Partito fascista repubblicano (Pfr), Alessandro Pavolini, ex ministro della Cultura popolare. Ai militanti viene ordinato «di appoggiare efficacemente e cameratescamente l'esercito tedesco che si batte sul suolo italiano contro il comune nemico», nonché «di segnalare i vili e punire esemplarmente i traditori». Il 18 settembre parla il Duce, sempre alla radio tedesca. Dichiara che la monarchia «è decaduta nelle coscienze e nel cuore del popolo». Promette di instaurare uno Stato che «sarà nazionale e sociale nel senso più lato della parola: sarà cioè fascista nel senso delle nostre origini». Proclama che ora si tratta di riprendere le armi, riorganizzare le forze armate, eliminare i traditori, «annientare le plutocrazie parassitarie e fare del lavoro, finalmente, il soggetto dell'economia e la base infrangibile dello Stato». A parole, è un ritorno al programma del 1919, se non addirittura alle sue origini socialiste.

Il 23 settembre viene comunicata la formazione del governo della Repubblica sociale italiana. Ministro della Guerra è il maresciallo Rodolfo Graziani, dell'Interno Guido Buffarini Guidi, della Cultura popolare Ferdinando Mezzasoma, dell'Educazione nazionale Carlo Alberto Biggini. Le sedi dei dicasteri sono sparse nel Nord Italia, soprattutto intorno al lago di Garda. La Rsi conta ben poco rispetto ai tedeschi, che sottraggono alla sua amministrazione vasti territori. Ma costituisce una sfida e un bersaglio per gli italiani che intendono resistere all'oppressione del Terzo Reich. Scoppia ben presto, inevitabile, la guerra civile.

16 dicembre 1944

L'ultima recita

È una Milano duramente provata dalla fame e dai bombardamenti anglo-americani quella che accoglie Mussolini il 16 dicembre 1944. Il Duce, nel periodo della Repubblica sociale italiana, abita nella Villa Feltrinelli di Gargnano, sul lago di Garda, sotto stretta sorveglianza tedesca. Gran parte dell'apparato governativo si trova in quella zona, e per questo la Rsi passerà alla storia come repubblica di Salò, dal nome della località lacustre dalla quale vengono diramati i comunicati ufficiali. Oggi però il fondatore del fascismo è tornato nella città dove aveva costruito la sua ascesa al potere, per lanciare un messaggio a coloro che gli sono rimasti fedeli anche dopo la caduta del 25 luglio 1943 e hanno scelto di seguirlo nella disperata avventura al fianco degli occupanti nazisti.

L'appuntamento è per le 11 di mattina al teatro Lirico, a due passi dal Duomo. E già un'ora prima dell'arrivo di Mussolini, se dobbiamo credere alla cronaca del «Corriere della Sera», la sala è affollata. Ben presto nella strada adiacente si assiepano le persone che non hanno trovato posto. Ma ci sono altoparlanti sistemati in vari punti della città e, ovviamente, la cronaca della mattinata è trasmessa alla radio. Nei palchi siedono le autorità, tra di esse gli ambasciatori della Germania e del Giappone. In attesa del Duce vengono intonati gli inni del regime e della Rsi. Quando Mussolini fa la sua comparsa sul palcoscenico con alcuni gerarchi, tra cui il segretario del Partito fascista repubblicano Alessandro Pavolini, esplode l'entusiasmo dell'uditorio. L'oratore, a capo scoperto, risponde alle fragorose invocazioni della folla con il saluto romano. Poi cala il silenzio e il leader di Salò prende la parola.

Mussolini depreca innanzitutto il tradimento del re e di Pietro Badoglio, la «resa a discrezione» che hanno accettato per poi schierarsi con gli Alleati. Aggiunge che il popolo italiano invece «non ha tradito», esalta i reparti militari che sin dall'8 settembre 1943 si sono schierati con i tedeschi e sottolinea l'importanza del contributo che la Rsi dà allo sforzo bellico del Terzo Reich. Si sofferma poi sul programma economico del fascismo repubblicano, in particolare sul progetto della socializzazione delle industrie, con la vagheggiata partecipazione dei dipendenti alla gestione aziendale. Non è una mossa improvvisata, sottolinea il Duce, ma «un ritorno alle posizioni originarie» del 1919.

Quanto all'andamento della guerra, Mussolini ostenta ottimismo, sostiene che si può confidare nelle nuove armi in arrivo, perché «migliaia di scienziati germanici lavorano giorno e notte» ad allestirle. Del resto, asserisce, le forze tedesche «sono in una fase di crescente sviluppo e potenza», mentre affiorano le divisioni politiche nel fronte nemico e l'anticomunista Winston Churchill, primo ministro britannico, assiste sgomento all'avanzata delle truppe sovietiche nel cuore dell'Europa. Inoltre c'è il Giappone, che non ha nessuna intenzione di arrendersi, come dimostra la determinazione estrema dei kamikaze, che il Duce chiama «volontari della morte».

Ebbene, in tutto questo la Rsi farà la sua parte, assicura Mussolini: «Noi vogliamo difendere con le unghie e con i denti la valle del Po; noi vogliamo che la valle del Po resti repubblicana in attesa che tutta l'Italia sia repubblicana». E anche se il nemico dovesse occupare le regioni del Nord «domani sorgerebbe una forma di organizzazione irresistibile e armata, che renderebbe praticamente la vita impossibile all'invasore». Insomma «la mostruosa alleanza tra plutocrazia e bolscevismo» non è destinata a vincere.

Nella parte conclusiva il Duce si lascia andare ai ricordi del passato, attribuendoli con un espediente retorico al popolo italiano a sud dell'Appennino, sotto occupazione anglo-americana, che a suo dire «ha l'animo pieno di cocenti nostalgie», rimpiange i giorni gloriosi dell'impresa d'Etiopia, mentre gli antifascisti «si affannano a proclamare che il fascismo è morto, perché lo sentono vivo». L'appello finale è a Milano, città «antesignana e condottiera» dove tutto è cominciato: essa «deve dare e darà gli uomini, le armi, la volontà e il segnale della riscossa». La folla esplode in una prolungata ovazione. Nonostante tutto, sui suoi fedeli, soprattutto i più giovani, Mussolini ha ancora una presa carismatica.

Il capo del fascismo prosegue la sua visita viaggiando su un'automobile scoperta, spesso alzandosi in piedi durante il percorso, quasi a voler sfidare il pericolo di un attentato. A Milano sono confluiti da tutto il Nord Italia circa 20 mila militi della Rsi, che lo accolgono lungo il suo itinerario con manifestazioni di tripudio. La prima tappa è in prefettura, poi alla mensa comunale per dimostrare la propria vicinanza al popolo. Al pomeriggio la visita in piazza San Sepolcro, dove è nato il fascismo e dove ha sede la federazione milanese del partito. Qui Mussolini rende omaggio alla maschera in bronzo di Aldo Resega, il commissario federale del Pfr eliminato dai partigiani comunisti un anno prima, il 18 dicembre 1943. Nel suo discorso il Duce ha liquidato la Resistenza come «fenomeno criminoso dei fuorilegge», ma di fatto l'intensa guerriglia in montagna e nei centri urbani costituisce una dolorosa spina nel fianco della sua effimera repubblica.

Più in generale il discorso del Lirico è stato una recita molto distante dalla realtà, anche se a confortarlo giunge il giorno stesso l'inizio dell'offensiva nazista delle Ardenne, ultimo disperato e vano colpo di coda del Terzo Reich sul fronte occidentale. Ma Berlino ha un'assai scarsa considerazione degli alleati di Salò, tanto è vero che i notiziari tedeschi omettono la parte del discorso di Milano in cui Mussolini negava che si potesse parlare di tradimento italiano e rivendicava l'importanza del contributo prestato dalla Rsi alla causa comune. L'ambasciatore di Hitler presso il Duce, Rudolf Rahn, minimizza dicendo che si è trattato di una semplice dimenticanza. Difficile crederlo.

Dopo aver trascorso tre giorni a Milano in una condizione di passeggera euforia, Mussolini torna sul Garda e riprecipita nello stato di prostrazione che lo angustia. Si rende ben conto di essere ridotto a uno strumento nelle mani dei tedeschi. Significativo un brano della lettera che scrive a Clara Petacci il 7 gennaio 1945: «La tempesta è all'orizzonte. Io sono stufo di fare il buffone. Io non sono che un ridicolo personaggio. Io sono un fantoccio grottesco. Io sono preso in giro bellamente. La valle del Po va alla malora e le unghie non si vedono e i denti meno ancora». È arrivato dunque al punto di canzonare se stesso con amaro sarcasmo. La fine si avvicina.

25 aprile 1945

Fuga senza speranza

È il 25 aprile 1945. Due protagonisti della storia d'Italia, irriducibili nemici, s'incrociano sulle scale dell'arcivescovado di Milano. Quello che scende è Benito Mussolini, giunto ormai agli sgoccioli della sua parabola politica e umana. Sale le scale invece Sandro Pertini, il dirigente socialista che nel 1978 sarà eletto presidente della Repubblica italiana: riferirà successivamente che il Duce in quel momento appariva «molto emaciato, pallido, irriconoscibile, non era più il baldanzoso delle fotografie». Mancava poco alla fine del dittatore che aveva oppresso l'Italia per vent'anni. Ma come si arriva a quel fuggevole incontro?

Se per i partigiani il 25 aprile è il giorno dell'insurrezione generale, in quella stessa data Benito Mussolini vede tramontare l'illusione di giocare qualche ultima carta sul piano politico. Una settimana prima il Duce ha abbandonato Villa Feltrinelli di Gargnano

(Brescia) per trasferirsi presso la prefettura di Milano. È un uomo distrutto. Mentre le truppe angloamericane avanzano nella valle del Po, incalzando i tedeschi in ritirata, la sua speranza residua è intavolare trattative con le forze della Resistenza, contando sulla mediazione dell'arcivescovo, il cardinale Ildefonso Schuster.

Nel pomeriggio del 25 aprile, mentre i partigiani prendono possesso della città dopo aver proclamato lo sciopero generale, una delegazione fascista, guidata da Mussolini, ne incontra una del Comitato di liberazione nazionale Alta Italia (Clnai) presso l'arcivescovado di Milano. Oltre a Schuster, nelle vesti del padrone di casa, sono presenti per la Rsi Mussolini, il suo sottosegretario Francesco Maria Barracu, i ministri dell'Interno Paolo Zerbino (ha sostituito in febbraio Buffarini Guidi) e della Guerra Rodolfo Graziani, mentre per la parte antifascista partecipano all'incontro il generale Raffaele Cadorna (figlio di Luigi e capo militare della Resistenza), il democristiano Achille Marazza, l'azionista Riccardo Lombardi, il liberale Giustino Arpesani.

Appare presto chiaro che non esistono margini per un vero negoziato, in quanto la richiesta ultimativa del Clnai è la resa incondizionata. Per giunta nel corso della discussione affiora la notizia che i tedeschi hanno a loro volta avviato dei contatti sotterranei con i partigiani, senza consultare le autorità della Rsi: da mesi, peraltro, il generale Karl Wolff, capo delle SS nel nostro Paese, negoziava in Svizzera con i servizi segreti americani. «Ci hanno sempre trattati come servi e alla fine ci hanno traditi!», esclama Mussolini, adirato verso i nazisti. Quindi lascia l'incontro, dicendo che sarebbe tornato entro un'ora con una risposta. È allora, uscendo per le scale, che si trova di fronte Pertini, giunto in ritardo alla riunione.

Il capo della Rsi è disorientato, non sa che fare. C'è l'ipotesi – caldeggiata dal segretario del Partito fascista repubblicano Alessandro Pavolini – di arroccarsi con gli ultimi fedelissimi in Valtellina, per ingaggiare una battaglia finale e cadere combattendo. Meno scenografica ed eroica è la prospettiva di rifugiarsi in Svizzera: anche se le autorità di Berna hanno chiarito di non voler concedere asilo ai gerarchi fascisti, sarebbe forse possibile entrare illegalmente in territorio elvetico. Intorno alle 20 del 25 aprile, Mussolini parte per Como con il suo seguito, comprendente l'amante Clara Petacci e una scorta delle SS al comando del sottotenente Fritz Birzer. All'uscita dalla prefettura gli viene scattata l'ultima foto da vivo.

Nella città lariana la notte tra il 25 e il 26 aprile è all'insegna della più assoluta incertezza. Chi suggerisce di tornare a Milano, chi vuole trincerarsi a Como. Restano in piedi le proposte di raggiungere la Valtellina o la Svizzera. Al mattino Mussolini parte per Menaggio, sulla sponda occidentale del lago di Como, dove tiene una riunione con i gerarchi al seguito. Poi si reca in una caserma della milizia confinaria, un ex albergo in località Grandola. Forse vuole provare ad attraversare la frontiera elvetica, ma la zona è presidiata dai partigiani. Del resto sua moglie Rachele è stata respinta, con i figli Romano e Anna Maria, al confine di Chiasso. Quindi il dittatore torna a Menaggio.

Il 27 aprile il Duce si aggrega a un'autocolonna della contraerea tedesca diretta verso nord. Tra le località di Musso e Dongo il corteo viene bloccato dai partigiani della 52ª brigata Garibaldi. Dopo una breve sparatoria i resistenti, al comando di Pier Luigi Bellini delle Stelle, si accordano con i nazisti: sono disposti a lasciarli passare, in cambio della consegna di tutti i fascisti che sono insieme a loro. Nella piazza di Dongo il convoglio viene ispezionato. Mussolini si è nascosto su un camion, con indosso un cappotto e un elmetto tedeschi, ma viene riconosciuto e arrestato insieme agli altri italiani.

L'armistizio firmato dall'Italia nel 1943 prevedeva che il dittatore fosse consegnato agli Alleati, ma i partigiani sono di diverso avviso: un decreto del Clnai ha stabilito per i capi principali della Rsi la pena di morte. Quando riceve la notizia dell'arresto del Duce la sera del 27 aprile, il comitato insurrezionale di Milano, composto da Pertini, Leo Valiani (azionista), Emilio Sereni e Luigi Longo (comunisti), incarica Walter Audisio e Aldo Lampredi, partigiani del Pci, di andare a prelevare Mussolini e giustiziarlo.

Il Duce trascorre l'ultima notte della sua vita insieme a Clara Petacci, a cui è stato concesso di seguirlo. Dormono piantonati a Bonzanigo, nel comune di Tremezzina, presso una famiglia di cui i partigiani si fidano. L'indomani, dopo animate discussioni con i resistenti locali, giungono qui Audisio e Lampredi. Sull'esecuzione di Mussolini sono circolate molte versioni differenti, ma la più accreditata riferisce che il dittatore e l'amante vengono uccisi a colpi di mitra in località Giulino di Mezzegra, a fianco del cancello di Villa Belmonte, alle 16.10 del 28 aprile 1945. Il giorno dopo i loro cadaveri e quelli di altri dirigenti della Rsi saranno esposti a Milano, in piazzale Loreto, dove il 10 agosto 1944 i militi fascisti hanno fucilato quindici partigiani.

Indice dei nomi

Acerbo, Giacomo, 88
Agnelli, Arnaldo, 63
Agnoli, Francesco, 17
Alighieri, Dante, 66
Amedeo di Savoia, duca d'Aosta, 175
Amendola, Giovanni, 100
Arpesani, Giustino, 203
Arpinati, Leandro, 104, 107
Attolico, Bernardo, 170
Audisio, Walter, 205-206

Bacci, Giovanni, 79
Badoglio, Pietro, 150, 175, 190-193, 198
Balabanoff, Angelica, 16, 19, 26, 40
Balbo, Italo, 84
Baldesi, Gino, 79
Baratieri, Oreste, 148
Barone, Domenico, 119
Barracu, Francesco Maria, 203
Battisti, Cesare, 23
Bellini delle Stelle, Pier Luigi, 205
Bellocchio, Marco, 16
Benedetto XV (Giacomo della Chiesa), papa, 61
Benni, Antonio Stefano, 92, 169
Bezzi, Agostino, 17
Bianchi, Michele, 68, 84
Bianchi, Umberto, 31
Biggini, Carlo Alberto, 196
Binda, Ambrogio, 60
Birzer, Fritz, 204
Bismarck, Otto von, 177
Bissolati, Leonida, 36, 41-42, 65
Bonomi, Ivanoe, 36, 75, 78

Bordiga, Amadeo, 38
Bottai, Giuseppe, 77, 96, 116, 157, 185, 189
Buffarini Guidi, Guido, 196, 203

Cabrini, Angiolo, 36
Cadorna, Luigi, 54, 60, 203
Cadorna, Raffaele, 203
Canali, Mauro, 94
Caporali, Ernesto, 79
Carducci, Giosuè, 13
Carducci, Valfredo, 13
Casalini, Armando, 32
Castellano, Giuseppe, 192
Cavagnari, Domenico, 169
Cavallero, Ugo, 175, 179, 183
Cavazzoni, Stefano, 87
Ceci, Lucia, 119
Chiesa, Eugenio, 96
Churchill, Winston, 199
Cianetti, Tullio, 189
Ciano, Costanzo, 29, 123
Ciano, Fabrizio, 125
Ciano, Galeazzo, 29, 123, 125-126, 144, 154-156, 160, 166, 169-171, 173, 175, 177-180, 182-185, 189
Ciano, Marzio, 126
Ciano, Raimonda, 126
Cingolani, Mario, 90
Cipriani, Amilcare, 11, 42
Corridoni, Filippo, 39, 52, 65
Costa, Andrea, 11-12
Croce, Benedetto, 109

Dalser, Ida, 27
D'Annunzio, Gabriele, 66, 73-75
De Begnac, Yvon, 56-57
De Bono, Emilio, 84, 93-94, 97, 126, 150, 189
De Falco, Giuseppe, 57
De Felice, Renzo, 14, 24
De Gasperi, Alcide, 7, 20-22, 25, 89-90, 100
De Nicola, Enrico, 78
De' Stefani, Alberto, 77, 86-87, 97
De Vecchi, Cesare Maria, 77, 79, 84, 125, 189
Diaz, Armando, 86
Dollfuss, Engelbert, 145-147
Dumini, Amerigo, 94, 97, 99-100

Eisenhower, Dwight, 193
Endrici, Celestino, 22

Facta, Luigi, 84
Farinacci, Roberto, 77, 103, 116, 175, 188

Fasciolo, Arturo Benedetto, 94
Favagrossa, Carlo, 169
Federici, Riccardo, 134-135
Federzoni, Luigi, 86, 98, 107-108, 189
Ferretti, Lando, 96
Filippelli, Filippo, 95
Finzi, Aldo, 99
Francesco Giuseppe, imperatore d'Austria, re d'Ungheria, 23-24
Franco, Francisco, 72, 152
Franzinelli, Mimmo, 56

Galbiati, Enzo, 100, 190
Galli, Alessandro, 79
Galli, Teresa, 71
Garibaldi, Giuseppe, 52, 63
Gariboldi, Italo, 181
Gasparotto, Luigi, 52
Gasparri, Pietro, 89, 118, 120
Gaudenzi, Giuseppe, 41
Gentile, Emilio, 84, 189
Gentile, Giovanni, 86, 97, 119
Gerlach, Heinrich, 194
Gibson, Violet, 106, 133
Giolitti, Giovanni, 30, 37, 50, 73-76, 84, 100
Giunta, Francesco, 77
Giuriati, Giovanni, 79, 86
Goebbels, Joseph, 159
Goldmann, Cesare, 68
Gonzales, Enrico, 95-96
Graham, Ronald, 139, 141
Gramsci, Antonio, 107
Grandi, Dino, 77, 81-82, 125, 188-190
Graziani, Rodolfo, 150, 175, 178, 196, 203
Gueli, Giuseppe, 193
Guglielmo II, imperatore di Germania, re di Prussia, 51
Guidi, Rachele, 26-29, 37, 126, 205

Haerdtl, Guido von, 23
Hailé Selassié, 150-151, 155, 178
Hassell, Ulrich von, 139, 141
Hitler, Adolf, 8, 125, 139-140, 142, 143-146, 151-152, 154-155, 158-161, 163, 167-171, 172-176, 177-181, 183-184, 187, 191, 195, 201

Jacchia, Pietro, detto Piero, 72
Jouvenel, Henry de, 139, 141
Juárez, Benito, 11

Lampredi, Aldo, 205-206
Lazzari, Costantino, 40
Lenin, Vladimir, 61
Lolli, Aurelio, 33
Lombardi, Anna, 26
Lombardi, Riccardo, 203
Longanesi, Leo, 184
Longo, Luigi, 205
Luccichenti, Amedeo, 136
Lucetti, Gino, 106
Ludwig, Emil, 164

MacDonald, Ramsay, 140
Maltoni, Rosa, 11, 17, 26
Mangelli, Pier Francesco, 124
Marazza, Achille, 203
Marinelli, Giovanni, 99, 126
Marinetti, Filippo Tommaso, 69, 71
Marx, Karl, 47
Matteotti, Giacomo, 5, 8, 43, 93-97, 100, 103
Menelik II, 148
Messe, Giovanni, 181
Mezzasoma, Ferdinando, 196
Micheli, Giuseppe, 89-90
Molnár, Ferenc, 84
Monaco, Vincenzo, 136
Montanelli, Indro, 184
Morgari, Oddino, 79
Mors, Harald-Otto, 194
Musatti, Elia, 79
Mussolini, Alessandro, 11-12, 17, 26
Mussolini, Anna Maria, 27, 205
Mussolini, Arnaldo, 12-13, 125
Mussolini, Bruno, 27
Mussolini, Edda, 8, 26-27, 29, 38, 123-126
Mussolini, Edvige, 12, 61
Mussolini, Romano, 27, 205
Mussolini, Vittorio, 27, 38

Naldi, Filippo, 48
Navarra, Quinto, 183
Nenni, Pietro, 8, 30, 32-33, 191
Nicola II, imperatore di Russia, 60

Olivetti, Gino, 92
Orlando, Vittorio Emanuele, 92, 100
Oviglio, Aldo, 86, 97

Pacelli, Francesco, 119
Pariani, Alberto, 169
Pascucci, Giovenale, 124
Pasella, Umberto, 79
Pasolini, Carlo Alberto, 104

Pasolini, Pier Paolo, 104
Pavolini, Alessandro, 195, 198, 204
Pensotti, Anita, 28
Persichetti, Giuseppina, 133
Pertini, Sandro, 7, 202, 204-205
Petacci, Clara, detta Claretta, 8, 13, 29, 133-137, 165-166, 170, 201, 204-205
Petacci, Francesco Saverio, 133-136
Petacci, Marcello, 134-136
Petacci, Maria, detta Myriam, 133, 136
Pétain, Philippe, 175
Piccinini, Antonio, 92
Pio XI (Achille Ratti), papa, 8, 89, 106, 118, 121, 128-131, 134, 165-166
Pio XII (Eugenio Pacelli), papa, 120
Podrecca, Guido, 36
Polverelli, Gaetano, 79
Prezzolini, Giuseppe, 23-24

Rahn, Rudolf, 201
Razza, Luigi, 69
Renzetti, Giuseppe, 146
Resega, Aldo, 200
Ribbentrop, Joachim von, 167-168
Rocco, Alfredo, 96
Röhm, Ernst, 146
Rommel, Erwin, 178, 183
Roosevelt, Franklin Delano, 184
Rossi, Cesare, 68, 79, 82, 99-100
Rossoni, Edmondo, 113-117
Rüdiger Starhemberg, Ernst, 147

Salandra, Antonio, 49-51, 85, 92
Sansanelli, Nicola, 79
Sarfatti, Cesare, 28
Sarfatti, Margherita (n. Grassini), 28-29
Sarfatti, Roberto, 28
Schneiders, Toni, 194
Schuschnigg, Kurt Alois, 155
Schuster, Ildefonso, 203
Scorza, Carlo, 188, 190
Senise, Carmine, 193
Sereni, Emilio, 205
Serrati, Giacinto Menotti, 17, 19, 40, 45
Simon, John, 140
Skorzeny, Otto, 194
Sonnino, Sidney, 50
Stalin, Iosif, 180
Starace, Achille, 139, 162

Sturzo, Luigi, 89, 119
Suardo, Giacomo, 115-116
Suvich, Fulvio, 141, 144, 146, 155

Tabarroni, Virginia, 105
Tacchi Venturi, Pietro, 89, 128, 130-131
Taglialatela, Alfredo, 16, 19
Tangorra, Vincenzo, 87
Tarabella, Aldo, 100-101
Tasca, Angelo, 38
Thaon di Revel, Paolo, 86
Titta, Velia, 95
Torlonia, Giovanni, 125
Tranquillini, Carlo, 23-24
Treves, Claudio, 39, 41, 53
Turati, Augusto, 110, 116
Turati, Filippo, 39, 42, 90

Vajana, Alfonso, 72
Valiani, Leo, 205
Valle, Giuseppe, 169
Vallisi, Giovanni, 104
Vecchi, Ferruccio, 69, 71
Verdi, Giuseppe, 13
Vesnić, Milenko, 73
Vittorio Emanuele II, re d'Italia, 118
Vittorio Emanuele III, re d'Italia, 36, 50, 78, 83, 85-86, 98, 100, 123, 151, 188, 190-191, 193, 198
Volpi, Albino, 94

Wilson, Woodrow, 60, 65
Wolff, Karl, 203

Zamboni, Anteo, 104-105, 107
Zamboni, Mammolo, 104-105
Zaniboni, Tito, 105
Zannerini, Emilio, 79
Zerbino, Paolo, 203

Indice

Introduzione 5
di Marcello Flores

29 luglio 1883. Sangue romagnolo 11
26 marzo 1904. Sfida al Padre Eterno 16
7 marzo 1909. Duello tra futuri premier 20
1° settembre 1910. Gli affetti di un fedifrago 26
26 settembre 1911. In azione con Nenni 30
8 luglio 1912. Un oratore incendiario 35
13 luglio 1913. Al timone dell'«Avanti!» 39
24 novembre 1914. «Voi mi amate ancora» 44
16 maggio 1915. Per una guerra di popolo 49
15 febbraio 1916. A Caporetto prima di Caporetto 54
23 febbraio 1917. Ferito nel corpo e nello spirito 59
10 novembre 1918. Col pugnale e con la bomba 63

23 marzo 1919. Il battesimo dei Fasci 68
2 dicembre 1920. Sgambetto a D'Annunzio 73
3 agosto 1921. La pacificazione abortita 78
30 ottobre 1922. Alla guida dell'Italia 83
15 luglio 1923. Una legge grimaldello 88
12 giugno 1924. Delitto di Stato 93
3 gennaio 1925. Il Paese vuole la calma 99
31 ottobre 1926. Uno sparo a Bologna 104
26 maggio 1927. Il numero è forza 108
21 novembre 1928. Scacco al sindacato 113
11 febbraio 1929. Una firma frettolosa 118
24 aprile 1930. Nozze di regime 123
24 luglio 1931. Ai ferri corti con il papa 128
24 aprile 1932. Amore clandestino 133
7 giugno 1933. L'illusione del direttorio 138
14 giugno 1934. «Hitler? Una belva» 143
2 ottobre 1935. Alla conquista di un impero 148
1° novembre 1936. L'esordio dell'Asse 153
28 settembre 1937. Marciare insieme al Reich 158
18 settembre 1938. La coscienza della razza 162
26 agosto 1939. La lista del molibdeno 167
10 giugno 1940. In soccorso del vincitore 172
22 giugno 1941. Uno squillo nella notte 177
23 luglio 1942. Sotto la maschera 182
25 luglio 1943. Addio al regime 187

12 settembre 1943. In balia dei nazisti 192
16 dicembre 1944. L'ultima recita 197
25 aprile 1945. Fuga senza speranza 202

Indice dei nomi 207

Finito di stampare nel mese di dicembre 2024
per conto di RCS MediaGroup S.p.A.,
da Rotolito S.p.A., Via Sondrio, 3, Pioltello (Milano)
Printed in Italy